New
window 新視野238

男人不是修一修就能用

42個戀愛狀況題大解析，提升妳的擇愛勝率

韓國第一戀愛顧問　李明吉（이명길）著

翟云禾　譯

高寶書版集團

序
要有判斷這個男人該不該拋棄的洞察力！

跟一個混帳男人在一起只會讓妳的人生過得很痛苦，

那還不如單身過！

許多女人為了改變男人而讓自己的人生過得非常疲憊。我想要用伽利略在發表名言「地球依然會轉動」當時的心態，傳達給那些想盡辦法要以「愛情」之名改變男人的女孩們，雖然我能理解妳們的心情，但我還是想要說：

「男人不是修一修就能用的。」

戀愛中也適用「沉沒成本謬誤」（Sunk Cost Fallacy）。意思就是，雖然未來不會有太大的效益，但因為過去投入的心力太令人惋惜，所以只好讓自己持續不斷進行現有的愚蠢行為。所以，有的女人堅持「男人都一樣」，將自我行為合理化，繼續維持戀愛關係；有的女人因為捨不得過去的投資及努力而無

法果斷分手；也有些女人則是覺得自己年紀大了，應該無法再和別的男生交往，而沒有辦法揮別現在的戀情。

　　老實說，我們很難找到續集比第一集還要精采的電影，但是第二次戀愛通常都比第一次戀愛有趣！如果發現正在交往的男人有些問題，讓妳沒有信心可以跟他相處一輩子，那麼為了妳自己的人生，妳必須要果斷地斬斷這段戀情。

　　比如說，有讀者來詢問：搞曖昧的時候她是個彬彬有禮又有風度的男人。但交往兩個月後，有一次和男朋友發生了一些小爭執，他自言自語地罵了髒話。髒話不是對著我罵的，男友事後也承認自己的個性比較火爆，並且跟我道歉了。看他真心誠意反省的樣子，我也就這樣算了，但是過了幾天我們又吵架了。這次，他不是自言自語，而是對著我罵了髒話。請問我男朋友有可能改掉愛罵髒話的壞習慣嗎？

　　又比如說，有人問：他是我 32 歲時遇見的男朋友，因為自己的年紀有點大，我想了很久才答應跟他交往，也有考慮到結婚這一步。他也都表示沒有遇過像我這麼優秀的對象，很積極的配合我的需求。我們交往一個月時就一起去旅行，三個月時就談到了結婚的話題。就在我們愛得難分難捨時，男朋友出了一點小事，急著需要用一些錢。一開始我說我可以借他錢，他都說不要。因為他說不想造成我的負擔，所以我乾脆跟他算清楚利息，然後還是把錢借給他了。借了一、兩次之後，第三

次竟然還要借 7 千萬韓圜（約新台幣 160 萬元）。一直不斷地跟我道歉，保證一定會還我錢，但又跟我越借越多錢的男朋友，我真的能放心跟他結婚嗎？

這些比韓國綜藝節目《戀愛的干預》或韓劇《愛情與戰爭》的內容還要令人難以置信的事情，在現實生活的戀愛中一直不斷地發生。如果在一段感情中發現對方有這樣的問題，與其浪費時間去改變他，我認為不如把時間花在尋找下一個更好的男人。

身為一個女孩的爸爸，我為了此時此刻不斷白費力氣，試圖用愛情改變男人的那些傻女人們，寫下了這本書。本書出現的內容，都是實際諮商時發生的案例。妳可以按照順序閱讀，或是目錄中有特別吸引妳的部分，先閱讀部分章節也不會影響流暢度。另外，本書還包含了「戀愛 TIP」，是關於男人的心理以及幸福戀愛的小撇步，提供大家參考。

也希望大家可以經由本書，培養出良好的洞察力，讓自己知道哪些是男人身上普遍會有的行為，哪些是男人永遠不可能改變的行為。

> 不管是搞曖昧還是談戀愛，發現對方的缺點時，
> 要問自己的問題就是：
> 「我能一輩子承受這個缺點嗎？」

Contents

PART 1　曖昧讓人受盡委屈？

PART 2　這樣的他，
　　　　　妳願意一輩子相處嗎？

Contents

PART 3   關於性,妳不知道的是……

PART 4　戀愛了，之後呢？

Contents

曖昧讓人受盡委屈？

不見面的戀愛？

不是「面對面」，連曖昧都算不上

Q：我和男朋友是在 IG 上開始聯絡，然後決定交往。一開始他稱讚我長得漂亮，對我有好感，所以跟我要了電話並經常打給我，但我們已經交往九十天了，卻沒有見過一次面。當我提出這個週末想跟他約會時，他回我說「我要陪我奶奶吃飯，所以沒辦法出門」，這算什麼男朋友呢？這種男人的心態是什麼？我能繼續跟這種男人交往嗎？

A：連一次面都沒有見過有什麼好繼續交往的？

談戀愛就是要面對面，看著對方的臉才能做的事。連一次面都沒有見的「非面對面」是無法談戀愛的。交往九十天，這之中沒有見過一次面，就連週末說要約會，得到的回應也是要跟奶奶吃飯所以無法出門，這麼冷淡的回答，我認為你們連曖昧都不算。

雖然無法準確地知道那個男人為什麼要在 IG 上跟妳聯絡，但我能確定一件事，除了妳以外，他一定也對很多其他女人做

一樣的事情。有許多男人喜歡在網路或 SNS 上，跟女人玩「線上調情」的遊戲。他們抱持著「有一個上鉤也好」的心態，傳訊息給別人。雖然很多人會認為誰會上這種當啊，但是跟妳一樣上鉤的女人們卻比想像中得多。

我能理解妳的心情，當妳接收到不認識的男人稱讚妳或對妳有興趣，妳也會對他產生好感。但正常的男人不會對不認識的女人說我對妳有好感，然後一直傳私訊給妳。透過 IG 稱讚陌生女人的長相或身材，然後調戲對方這件事，本身就沒有什麼好企圖，我希望妳能夠拒絕這種事情。妳要慶幸妳還沒跟他見面就分手了，下次戀愛時，希望妳一定要談「面對面」的戀愛，不要再「不見面」了。

> **Point** ｜ 出局的男人
>
> 調戲（Catcalling）是表示男性在路上對著路過的女性吹口哨，或是用言語騷擾女性的行為。法國從 2018 開始施行禁止噓聲調戲的法令，違反時最多可易科 750 歐元（約為新台幣 2 萬 4 千元）的罰金。
>
> 在 SNS 上遇到稱讚自己的外貌，並做出「SNS 調戲」行為的男人，就算他把自己偽裝成無比帥氣地來靠近妳，妳也一定要把他甩開。

- 會輕易接近妳的男人也會輕易接近其他女人。

- 在 SNS 上傳私訊的男人大部分都是稱讚妳的外表，然後接近妳。有些女人會因為被稱讚，心情感到愉悅而放鬆警戒，並對男人釋放出友好的回應，這種女人就是他們的目標。我希望妳能記住，他絕對不只對妳一個人這樣做，這個男人一天內可能對幾十個、幾百個人傳送一樣的訊息。

- 第一次見面的印象，會影響兩人之間的信任感。妳會因為這個男人是透過 SNS 而認識的，而認為他也會對其他女人做一樣的事，變得無法完全信任他。

- 個人簡介上看起來非常正常的男人，透過 SNS 認識別的女人後，也會變成不正常的男人。

- 雖然我們現在身處於吃東西時用外送平台、買東西用網購、工作用 ZOOM、學校課程改成遠端教學的非面對面時代，但是談戀愛還是必須要在離線以後談。我希望妳可以多防備經由 SNS 接近自己的男人。只要妳可以做到這一點，妳受到傷害的情況就會降低。

＼ 戀愛 T I P ／
男人的戀愛原理

　　當男人要去一對一聯誼[1]的時候，他們問的第一個問題都是「長得漂亮嗎？」這不是笑話，在這方面，從大學生到 50 多歲的再婚男子都不會有任何例外。男人雖然這麼喜歡「漂亮的女人」，但是最後他們找的都是「有魅力的女人」。所以說，不用像孫藝珍一樣漂亮也沒關係，就算只是可以面對面一起吃飯的普通女子，一定也會遇到一個覺得妳很有魅力的男人。因為漂亮是「看得見」的觀點，但有魅力卻是「感受到」的層面。當妳了解其中的差異時，妳就能夠成為非常有魅力的女人了。

　　說一件有趣的事。假設現在有兩個女人，一個是明吉的理想型，但對他視若無睹的明周；一個是雖非明吉的理想型，但個性善良，可以跟明吉喝咖啡談天的志善。在聖誕節快要來臨時，手中有兩張音樂劇門票的明吉，會跟誰一起去看音樂劇呢？大概 80% 的男人都會選擇跟志善一起去看。

　　男人的戀愛心理其實出乎意料地簡單，只要先掌握到男人最愛的人就可以了，因為男人最愛的人不是漂亮的女人，而是「自己本人」。只要女人對男人在世界上最愛的「自己本人」非常友好，那男人就會給這個女人正面的評價。

1　當男女的年紀到達適婚年齡，身邊卻沒有對象時，親朋好友就會幫忙安排一
　對一的聯誼場合，是韓國一種很普遍的現象。

也因為如此，當女人去聯誼時，遇到了很健談的男人。對方口沫橫飛不停地說話，女人沒辦法打斷男人的話題，只能適當地做一些回應，然後結束這場聯誼。這個狀況下，通常女人會對那個男人沒太大的興趣，但是對方的想法卻不盡相同。男人會認為在這場交談中，女人很仔細地聽自己說話，自己和那個女人「好像很談得來」，而這個想法會讓他們感到對方「很有魅力」。因此，去聯誼的時候，想要跟男人進展到下一步，妳只要讓他主導70%的話題就好了。

當男人遇到對自己很友好的女人時，他們會有一些「步驟上」的變化，因為覺得自己有希望就會產生勇氣，產生勇氣的話就會從對方身上感受到更高的魅力指數。這時他們看女人的標準就會跳脫「漂亮」和「不漂亮」，變成看待對方「散發的魅力」。

我們回到上面的案例，明吉不會邀約對自己視若無睹的理想型明周，是因為本能地想要逃避困難。但是男人邀約志善也不僅僅是因為「沒魚蝦也好」。男人和志善多約幾次會，開始曖昧後，某一天開始他就會把志善當成最有魅力的女人了。

再次強調，男人最愛的不是女人，而是他們自己。男人會給予認同他自己的女人很高的評價，也會覺得那種女人很有魅力。

「異性吸引力中，

只有 50% 才是你真正的魅力，

另外 50% 是用別人眼中認為你身上所持有的魅力

去填滿的。」

——義大利女演員 蘇菲亞·羅蘭

曖昧判定（上）

只有聊天，沒有實質的約會也算「曖昧」嗎？

Q：我有一個曖昧的對象，每個禮拜大約有四個晚上會一直互相傳 kakao talk[2]。因為雙方很聊得來，有時候甚至會花一個多小時在傳訊息。我們已經這樣相處一個半月了。他的職業具有專業性質的，所以工作時非常忙碌，平時上班時間也很早，所以週末時因為很累，都一直在睡覺補眠。說實話，我會想約他見面，但問他週末要做什麼的時候，他都會說他很累只想睡覺，然後跟我道歉。明明傳訊息聊天時，我都覺得他對我應該有好感啊，我們這樣算是曖昧嗎？

A：**真正的曖昧不會用「我好累」當藉口。**

「專業性質的工作、上班又忙碌的男人，下班後花超過一個小時跟妳傳訊息聊天的話，那當然是曖昧。」「如果對妳沒有感覺，怎麼可能花那些時間在妳身上？」我想妳的朋友們都

2　韓國人最常使用的通訊軟體。

會這樣對妳說吧！因為這也是妳想要聽的話。我其實也真心希望妳跟他有好結果，也想對妳說些好聽的話，但是妳問「我們這樣是曖昧吧？」那我就誠實地以男人的立場告訴妳，什麼是真正的曖昧。

真正的曖昧是「就算不是我主動聯絡對方，也會照著對方的想法，持續地跟他見面約會」。如果不主動聯絡的話就見不了面，甚至是主動說要約會了，對方還推託說太累了不想見面的話，很抱歉，這不是曖昧。

工作很忙，邊說自己很累但卻又能跟妳傳訊息聊一個小時，的確很容易讓人誤會。但是這不是曖昧，這應該只是因為他睡覺前很無聊，所以才會跟妳聊天打發時間。因為以男人的立場來看，對自己有好感的女人都很親切和體貼，和這種會傾聽自己的想法、也會有回應的女人說話，可以毫無壓力快樂地聊天。

真正的曖昧應該是每天跟妳傳訊息還不滿足，週末的時候即使拖著疲倦的身體也要跟妳見面約會聊天的關係。對於週末見面這件事感到很疲倦的男人，平日下班後跟妳傳一個小時的訊息難道就不累嗎？真正的曖昧是不會用「我好累」來當藉口，拒絕見面機會的。

Point｜出局的男人

真正的曖昧是，就算不主動聯絡對方，對方也會約見面。

- 男人會花時間和金錢在自己有興趣的女人身上。男人就算再忙碌，還是有時間約會。
- 週末因為太累而無法跟妳約會，但是更容易累的平日下班後卻可以跟妳傳訊息聊一個小時的天，這真的很矛盾。
- 妳覺得不錯的男人，別人也會覺得不錯。雖然在 SNS 上非常親切，但是離線後卻無法見面的男人，他非常可能有好幾個像妳一樣的女生圍繞在他身邊。提醒妳一下，優秀的人的「價值」比漂亮的人的「顏值」還要更值錢。

\ 戀愛 TIP /
接近男人的方法——「幫幫我！策略」

人們都會喜歡尋求自己協助的人，也會因為幫了對方忙，對那個人產生好感。尤其是男人都很喜歡女人找自己幫忙。

當然，如果是「歐巴，我這個月卡刷爆了，你可以借我三萬塊嗎？」這種忙，是沒有人會喜歡的。男人喜歡的是在自己擅長的、有興趣的領域下，給對方建議，或是在對方找自己幫忙時，自己能夠伸出援手。然後他們會在這個過程中，對依賴自己的那個女人產生更多好感。

舉例來說，志善平常對明吉就有一些好感。這次公司要求做英文簡報，但是志善的英文不太好，做簡報的技巧也普普通通。而明吉以前在加拿大進修過，英文能力很好，也很會做簡報。這時候，志善只要說「明吉，我請你吃晚餐，拜託你花兩個小時幫我一起做英文簡報好不好？我真的很需要你的幫忙。」只要對方不是討厭妳到不想跟妳待在同一個空間，他就會幫忙的。然後在這過程中，也會漸漸培養出好感。

所以要先搞清楚對方擅長的事情和喜歡的事情，再向對方提出相關的請求。用這種方式去製造離線後見面的機會，是一個拉近距離的好方法。

但是，使用「幫幫我！」策略的時要注意三件事：

第一，那個請求不能造成對方的壓力。

如果要花很多錢，或是需要很多時間及精力的請求，會讓對方覺得壓力很大。要是對方對妳沒有特別的好感，那被拒絕的機率就很高。所以適當地、讓男人可以展現自己的那種請求，才是最恰當的。

第二，最好是男人喜歡或是擅長的事情。

股票、英文、羽毛球、簡報、釣魚、爬山等等都可以，要先蒐集關於男人的資訊，當妳對他喜歡或擅長的事情表現出有興趣及想學習的心態，男人就會興致勃勃的教妳。如果因此創造出天天見面的機會，那麼你們發展成曖昧的機率就非常高。

第三，一定要回禮。

這裡的回禮不是要妳給錢或是送禮物，而是請吃一頓飯或是看一場電影。要記住，「幫幫我」策略的重點就是幫完忙以後，一定要另外再製造一次見面的機會。

"

不會完美地讓人覺得壓力很大，
並且也不是毫無優點、沒有魅力的人。
然後一起喝一杯的時候，會讓人覺得
「哦？她好像很可愛…」的女人。
男人們最想要發展成戀愛關係的類型，就是
「總分七分的女人」。

"

曖昧判定（下）
週末不見面是想劃清界線？

Q：我進第一個職場已經一年多了。目前暗戀同個部門大我三歲的組長。我們每天一起工作，有一天我就發現自己喜歡上他了。我是公司裡的菜鳥，所以他在工作上經常指導我，有一次我說要買咖啡請他喝，我們邊喝咖啡邊聊了很多天，然後我鼓起勇氣約他下班後一起吃飯，他也豪爽地答應我，跟我一起吃了晚餐。因為是我約他吃飯的，所以我就偷偷地先埋單了，那天分開前，他說下次換他請我吃飯。隔天我要他買冰淇淋給我吃，我們又邊吃邊聊了很多話題。之後我也常常用公司的事等藉口，下班後跟他約了好幾次。

如果只看到這裡應該會覺得明明就是曖昧吧，我的朋友也都說是曖昧沒錯，但問題是他週末的時候絕對不跟我見面。要說平日這些約算約會嗎？我覺得這不是，應該比較像是同事聚餐？平日的時間太短了，我想要週末的時候來場真正的約會，但他已經拒絕我第四次了。他應該知道我喜歡他，我不懂他是想要劃清界線，還是什麼心態？

A：平日下班後的約會比週末中午更有魅力！

雖然一見鍾情很美好，但大部分的愛情都比較像是楓葉渲染大地一般緩緩地進行。部門新進的新人同時也是喜歡自己的曖昧對象，以男人的立場來說，這雖然很有趣，但同時也會很有壓力。就算能夠順利發展變成職場戀情，周圍的人可能也會不太看好。當然，如果女人的條件好到讓男人願意克服周遭的視線跟壓力的話，男人的壓力再大，兩人也會有好的結果，不過現在的情況看來，你們的關係還處於一個很模糊的狀態。

但如果要判定一下你們是不是曖昧的話，現在的情況是很樂觀的。判斷兩人是否在曖昧，最重要的就是要看「放下手機之後，兩個人有沒有實質的約會？」從這個觀點來看的話，你們兩個現在是「曖昧」的階段沒錯，情況並不糟。雖然我也希望你們兩個人可以自然而然的發展到週末也能約會的關係，但妳現在不應該一直要求對方跟妳週末約會，而是要先在平日晚上多見面，一起度過開心的時光。

建議妳在工作上遇到困難的時候，可以去找對方幫忙，然後想要表達謝意時就跟對方在平日約會。如果平日的約會總是相處得很歡樂，總有一天他會把妳當成一個「女人」，你們就會發展成週末也約會的關係了。

另外還有一點，就是平日傍晚下班後的約會，會比週末中午的約會，更能夠感受到對方的魅力喔！

＼ 戀愛 T I P ／
打造魅力四射女人的五個魔法原則

第一，交談時看著對方的眼睛。

第一次見面的時候，如果交談時不看著對方眼睛的話，女人會覺得那個男人沒有自信；而男人會覺得那個女人對自己沒有意思。男人會覺得，和一個女人交談時，如果她會看著自己的眼睛，表示她對自己有點好感。甚至於當男人走在路上，和不認識的女人四目相交時，他都會產生對方認為自己很帥才一直看著自己的錯覺。別懷疑，這是真的。

第二，看著對方笑。

根據心理學家黛博拉・沃許和杰・赫維特的「BAR 實驗」顯示，女人只要對著男人笑，10 個男人中就有 6 個會上前跟女人攀談。男人們只要發現一個女人看著自己笑，就會認為對方對自己有好感，而鼓起勇氣上前。有了勇氣的男人，就會認為對方更有魅力了。

第三，懂得傾聽。

塔木德經中有一句這樣的話：「聰明的人很會回答問題，有智慧的人很會提出問題。」我則是認為，有魅力的女人會讓男人滔滔不絕。男人越是陳述自己的故事，越會覺得妳很有魅力。

第四，稱讚對方。

我再強調一次，男人最愛的人就是他自己。妳必須要學會稱讚那個人。這時候，最好是稱讚男人努力而獲得的、或是為了得到他人認可而努力完成的部分。舉例來說，與其稱讚他天生具有的身體魅力，男人會更喜歡妳認可他努力考取的證照或是努力得到的結果。

第五，不經意的觸碰。

握手也好；交談的時候，覺得男人很有趣的話，輕輕地拍他一下也好。走在路上過斑馬線時，亮起紅燈，就拉著男人的手臂說「快走吧」也好。沒有什麼行為能比肢體接觸更容易吸引男人了。妳可能會問「萬一引起對方反感怎麼辦？」根據研究顯示，在不情願的狀態下被他人觸碰時，女人的感覺會認為自己像是被毒蛇咬到；相反地，男人的感覺只像一隻蒼蠅停在手上。因此不經意的碰觸，是非常有成效的。

以上五點是任何人都可以做到的基本原則，妳只要在遇到心儀的對象時，記得這幾點就好。

酒後的曖昧
那個人是玩咖？

　　Q：我經由公司同事介紹的一對一聯誼中，認識了一個男子。第一次見面的時候，我們非常聊得來，聊天過程也很愉快。通常對方條件很好的話，都會不斷自誇或聊自己的事，但是他卻懂得傾聽別人的故事。我們五點左右見了面，喝了咖啡，然後邊吃晚餐邊聊天，不知不覺到了晚上八點。因為那天是週末，對方認為就這樣回家有點可惜，想再跟我多聊聊，所以我們就一起去喝一杯。

　　本來以為會選擇喝啤酒或是紅酒，但是他說想要喝威士忌，所以去了酒吧。雖然氣氛很輕鬆，讓人覺得很舒適，但其實我不太會喝酒，尤其是像威士忌這種烈酒。他說和提神飲料一起混著喝，就不容易醉，因此勸我喝了幾杯。我為了配合氣氛，沒辦法拒絕，喝了幾杯以後就馬上醉了。氣氛像是有點曖昧的感覺。散會的時候，雖然我一直說可以自己回家，但他說我喝醉了，堅持要送我。其實他自己也醉了，送我到我家附近以後，我跟他道謝，並說下次再約，他忽然抓著我的手親了一下，然後就笑笑地走了。我的心情變得有點奇妙，一方面暗自

開心，覺得「他是不是喜歡我？」但是跟朋友分享這件事，朋友卻說他是一個花花公子，要我小心一點。他後來又跟我聯絡，說他很想我，我能試著跟他交往嗎？

A：先想想，他只對妳這樣嗎？

被人喜歡是一件讓人心情很好的事，尤其又是在聯誼中遇見「條件很好的男人」，感覺就更好了。其實，要判斷這種男人是不是玩咖，只要注意兩件事就好了。

第一件事情就是酒。男人在第一次見面就說要喝酒，不代表他就是花心的玩咖。就像女人們會邊喝咖啡邊聊天一樣，男人們喜歡邊喝酒邊聊天，喝幾杯酒不是什麼大問題，真正的「問題」會是硬要灌對方酒。男人試圖想要灌醉女人時，大部分都有一些不好的意圖。

第二件事情就是身體接觸。根據英國倫敦大學和華威大學的研究顯示，能夠將肌膚之親的進度拖得越長的女人，他們遇到好男人的機率就越高。華威大學醫學院彼得博士曾說過，「從外表上無法正確看清楚一個男人的性格，所以想要避開爛男人，就要儘量拖延發生關係的時間，觀察這個男人在這種情況下是否還願意維持交往的關係，這樣遇見好男人的機率才會比較大。」倫敦大學羅伯特・西摩教授也說，「爛男人通常不會維持沒有性行為的約會，所以越早發展到性行為的女性，遇到爛男人的機率就越大。」也就是說，大部分玩咖進行親密關係

的時間點都很快速及果決。

　　通常初期遇到一個快速進展肌膚之親的「不錯的男人」時，女人雖然會有點驚慌，但心情都不會太差，但這時候妳需要考慮的問題不是「這個男人是真心喜歡我嗎？」而是「這個男人的行為，只會對我一個人這樣做嗎？」

　　如果妳也不是認真地對待那個男人，那倒是無所謂。但如果妳是真的想和他談戀愛的話，就要多認真思考一下了。身為一個男人我可以告訴妳，男人對第一次見面的女人進行肢體的接觸，不是因為他很喜歡對方而衝動做出的行為。這不是他鼓起勇氣，而是他的慣性，也是身為一個玩咖的經驗和計畫讓他做出這種行為。

> **Point ｜出局的男人**
>
> 　　對於第一次見面就有身體接觸的男人，我們該注意的不是他到底是不是「真心的」，最重要的是「這個男人的行為，只有面對我的時候才這樣做嗎？」
>
> - 當男人試圖對第一次見面的女人有身體接觸時，如果將這件事解讀為，是因為太喜歡對方而衝動行事的話，是一件很不明智的行為。男人的行為不是因為太喜歡而衝動行事，而是他的「習慣」。
>
> - 男人提議要喝一杯這件事沒有問題，但是在喝酒時，用各種理由勸女人喝酒的話就應該要出局。有一些男人會說自己沒有任何意圖，只是單純想要一起喝酒，才會勸對方喝酒。但是在戀愛諮詢的過程中，我聽過太多原本清醒的男人喝醉了，女人也一起喝醉以後，男人就忽然轉變的案例。因為這樣的男人不是喝醉才暫時轉變，而是喝醉後的樣貌其實才是他的真面目。

一夜情
關係未來發展的關鍵，就在「主導權」

Q：我加入了一個同好會，跟一個在同好會裡認識的男人發生了一夜情。那天是我們第一次見面，但是卻像認識很久一樣，感覺非常投緣，也很聊得來，我好像因此對他產生了依賴感。同好會中的男性人數比女性高很多，所以一開始我有點不自在。他看我是新加入的成員，非常照顧我，聚餐時也坐在我旁邊陪我聊天。雖然是第一次見面，但卻有一種在搞曖昧的感覺？他非常文質彬彬，外型也很不錯，和我一樣都喜歡喝酒，所以認識的第一天我們一起喝了一些酒，然後在酒精的催化下，理智線就斷掉了。說實話我對他的印象很好，不排斥和他交往看看，但萬一他把我想成那種隨便的女人怎麼辦？如果我想和他有進一步的關係，請問我應該要怎麼做才好呢？

A：一夜情後，也要掌握主導權。

跟第一次見面的男人喝酒，然後發生一夜情的話，對方的確是會把妳看成隨便的女生沒錯。男人如果想和第一次見面的女人上床的話，他們就會買酒把對方灌醉，然後睡了對方以後，

還會看不起對方。這裡所謂的看不起對方，是代表男人會認為「這個女人能和第一次見面的人上床，表示除了我之外，應該已經有很多這種經驗。」

　　關於這點，彼此都不需要覺得自己很冤枉。從女人的立場來看也是一樣，她們也會比較不信任發生一夜情的男人。雖然藝人中也有一些情侶是在夜店或酒吧之類的地方認識另一半，然後邁入婚姻，但不管是夜店還是交友軟體，從一夜情開始的情侶，最終能夠幸福快樂生活的機率非常渺茫。因為他們從一開始就抱著不信任的態度跟對方交往。一夜情之後，會在妳身上出現的情況有兩種。

　　第一種情況是「一夜情」在因為酒精而展開的瞬間，便從錯誤中結束了。這個情況下，男人不會跟妳聯絡。諷刺的是，真的發生這個情形，妳反而要覺得很慶幸。一夜情男人通常都是「玩咖」，因為大部分的男人在一夜情之後，他們是無法輕易忘卻那種快感，所以會再次跟那個女人聯絡。但如果男人可以控制那個慾望，表示他對妳完全沒有感覺，或是妳可以判斷昨天那一切都不是單純的碰巧，而是一場「大計畫」。如果不想要談一場很累人的戀愛，我建議妳還是不要對這種男人保有幻想，趕快把他甩開吧！

　　第二種情況是那個男人還想要跟妳繼續聯絡。就像犯人通常會重回案發現場一樣，大部分一夜情的男人會再跟那個女人聯絡。他們就是明明認為對方很隨便，但該說他們分不清愛情

和性慾的差別嗎？男人對於第一次見面就上床的女人，大多都會大膽地接近。那在這個情況下，如果不想被一夜情的對象認為自己很好追，而是要拿回主導權的話，應該要怎麼做呢？

請和李孝利學戀愛心理！「別誤會！我才不是你的女人。」這是李孝利在節目中說過的話，這是魅力無窮的女人會有的戀愛心理，意思是就算女人先主動積極地想要肌膚之親，男人還是無法輕易地得到手。如果喜歡某個男人的話，當然會想要跟他黏在一起，但是也要清楚地告訴他，不能因此覺得自己是一個隨便的人。這個祕訣非常簡單，就是在妳想要的時候才跟對方有肢體上的接觸。

套用在一夜情的對象在第二次見面的時候，通常對方都自然而然地想要再發生親密關係。這時候，如果妳不想要的話，可以直接跟對方說明「我那天只是心情不好才會發生那件事，但是我今天不想要」。如果那個男人對妳有點好感的話，他就會對妳改觀，有可能會變得更喜歡妳。要是對方因為不能發生關係而生氣或是打算離開的話，那就可以放生這個人了。因為他表現出自己是個該被拋棄的男人。

Point｜出局的男人

男人雖然想要一夜情，但是卻不會尊重一夜情的女人。

- 經由交友軟體或是在夜店認識，然後發生一夜情之後，還能開心幸福談戀愛的機率有多少呢？他們無法開心地交往，是因為從一開始他們就互相對對方保持著「懷疑」的態度。如果想要正常地談戀愛，就必須要有一個正常的開始。就算是因為自己主動而發展出一個晚上的關係的男人，他仍然會懷疑對方。

- 第一次見面就想要身體接觸的男人，妳認為他這樣的行為只會出現在妳身上嗎？如果妳也只想找一個男人玩玩，那他就是妳最好的選擇。如果妳想要一段平凡又幸福的戀情，那妳就選錯人了。

- 「僅僅是觀察對方能不能夠循序漸進地發展肌膚之親，也是一種避開爛男人的方法。」演化心理學之父戴維·巴斯博士曾說過，第一次見面就急著想要發生關係的男人，大部分都是爛男人。

- 第一次見面就相約喝酒其實沒有關係，但是試圖灌女人酒就表示他有一些不良的企圖。灌女人酒的男人，大部分很容易被捲入各種誹聞之中。最好是多提防或是盡可能地遠離他們。

- 男人會分不清愛情和性慾。在第一次見面時就喝醉，

然後對妳說甜言蜜語的男人，他其實不是愛上妳，只是在發情而已。喝醉酒的男人就算對妳「酒後吐真言」，也千萬不要相信他。

- 如果擔心一開始進展的太快，讓男人把自己看的太隨便的話，妳只要明確地告訴對方，「身體接觸的主導權」在自己的身上就好了。身體接觸主導權的意思就是，在我想要的時候，才能發生最親密的那層行為。

\ 戀愛 TIP /
男人在發生關係後轉變的理由？

「男人在進行肌膚之親時，腦中是沒有停止這個單字的。」就像征服者拿破崙一樣，男人在開始發展肌膚之親以後，他只會不斷地往前再往前。牽手之後，下次開始他就不再畏懼牽手。接吻之後，下次他就會繼續嘗試下一步。為什麼男人這麼急著想要發生性關係呢？我們一起來探討男人們也無法搞清楚的問題吧！

從男人的角度來看，想要得到女人的心，就要投入許多時間、努力還有金錢。然而大部分的男人跟他們的外表不一樣，他們的時間和金錢其實都非常不充足。他們想要趕快得到女人的心，讓自己的戀愛狀況從穿著皮鞋跑一百公尺的情況下，變成穿著球鞋跑一百公尺。

而對於男人來說，他們認為想要得到女人的心，最重要的分界點就是「性關係」。事實上，女人的確會因為發生「性關係」後，而對男人產生較深度的依賴，也會開始承認那個男人現在是自己的另一半了。因此，女人對男人的好感反而會比一開始時上升許多。

相反的，男人覺得性關係這個分界點，是表示自己得到那個女人的心了。所以，在發生性關係那天之後，雖然他們不是故意的，但他們認為自己已經得到女人的心了，就會漸漸開始追求談戀愛的效益。簡單的說就是，發生第一次性關係之前所投入的努

力是一百分的話，他們就會本能地認為想要發生第二次性關係，只要投入三分之一，也就是三十分就夠了。慢慢地，當發生性關係漸漸成為常態之後，他們就會開始說出「欸，我也很累耶」之類的話。這就是女性會無意識地覺得「男人在發生關係後就轉變」的原因。

和有婦之夫的曖昧
這樣的愛情是認真的嗎？

Q：我空窗好幾年，最近出現了一個曖昧對象，他很了解女人的心，也是一個很帥氣的男人。但是他有一個非常大的問題，那就是他是一名有婦之夫，所以我沒辦法大大方方地跟身邊的朋友承認我正在談戀愛，只有幾名比較要好的朋友知道而已。他很早就結婚，已經結婚五年了，還沒有生小孩，而且他說他和妻子的感情並不和睦，也說他的妻子真的有很多缺點。但因為他現在公司處於非常時期，所以他沒辦法跟妻子開口，他說等到這段時期一過，就會跟妻子提離婚。我很相信這個人，但是我最要好的閨蜜卻認為我瘋了，她堅決反對這段戀情。雖然我跟他還沒有認識很久，但我非常確定我們之間的愛情，可是我的閨蜜不肯祝福我們，讓我有點心煩意亂。請您以戀愛顧問的立場，對我說實話好嗎？

A：**戀愛至上？那就讓人認可他的愛情吧！**
有種人是戀愛至上主義者，雖然他們不覺得人生一定要結婚，但是他們需要愛情。他們也認同愛情是沒有禁忌的，每個

人都有自由選擇任何愛情,而他們也會對那種愛情負責。而且,即使愛情沒有得到他人的祝福,但他們越是被外人反對,反而越會覺得自己像羅密歐與茱麗葉,變得更離不開對方,就好像這世界上除了他們兩個人以外,沒有人懂得他們的愛情。

　　妳當然可以是相信這種「瘋狂的愛情」的人,但前提是妳交往的那個有婦之夫的想法也跟妳一樣。如果我是女人的話,我不會輕易被條件出色的有婦之夫打動,反而是先確認他的甜言蜜語是不是真心的。如果他有洪尚秀導演[3]那種心態,能大大方方地在 IG 上傳自己和女朋友的合照,也會大大方方地向身邊的人介紹自己的「女朋友」的話,就算看起來道德觀不好,我也願意認同他的愛情。但是和妳在一起時,總是批評妻子的那個男人,說真的他的話十分令人懷疑。

　　如果是我,在有婦之夫靠近我時,我會先問這個問題:「我可以打電話給你的妻子,告訴她你現在跟我說的這些話嗎?」這句話會讓想玩玩才接近妳的男人,嚇到連性慾都消失。如果有婦之夫聽到這句話,也毫不所動繼續追求妳的話,那就可以認可他的愛情。

　　我很抱歉這樣批評妳心愛的男人,但是就算男人會出軌,我也很少遇過真的拋棄家庭的男人。遇到會拋下糟糠之妻而劈腿的男人,尤其要更小心。而且,任何事情都是一回生二回熟,

---

3　韓國名導演,2017 年時大方承認自己在女演員談不倫戀,至今還在打離婚官司。

妳們交往時發生過的事情也會影響雙方的信任感，所以妳和這樣的男人在一起，不會擔心他可能再次劈腿嗎？就像韓劇《夫婦的世界》中，朴海俊背叛妻子金喜愛，和韓韶禧外遇，但韓韶禧一直感到非常沒安全感，最後在知道朴海俊和金喜愛上床之後，還是選擇了分手這條路。

　　請想想，嘴裡說只要等「不知道何時才會結束的非常時期」過後就要拋下妻子來找妳的男人，當初和妻子談戀愛時，應該也像現在對妳一樣如此甜蜜吧。雖然我很想祝福妳的愛情順利，但是我希望妳能記住，就算妳這段愛情能夠開花結果，妳可能也會成為那個妳看偶像劇時，口中不停地罵的那個女人。

> **Point ｜ 出局的男人**
>
> 　　當有婦之夫對妳表達愛意時，妳可以直接這樣對他說：
> 「我可以把你現在傳給我的訊息，給你的妻子看嗎？」通
> 常，一般有婦之夫會嚇得連性慾都消失。
>
> - 通常口中說自己和妻子的感情很不好，會馬上和妻子
>   離婚，給小三一個名份的男人，都是騙人的。對男人
>   來說，外遇和拋棄家庭完全是兩件不同的事情。如果
>   相信對方是真感情，就請對方不要等到「以後」，而
>   是「現在」就和妻子說清楚。
> - 如果妳會相信一個為了討女人歡心而批評同住妻子的
>   男人，真的有點可笑。為了自己的目的而出賣家人的
>   男人，永遠都不值得信賴。況且他當初應該也是無限
>   疼愛他的妻子。
> - 最好不要相信有妻子或是有女朋友，卻還劈腿的男
>   人。就算妳和他的戀情可以開花結果，但將來受到傷
>   害的機率還是非常高。

\ 戀愛 T I P /
確認伴侶是否劈腿的提問技巧

　　根據 2016 年江東宇性醫學研究中心和生活雜誌《HEYDAY》共同發布的「韓國版金賽報告」指出，有 50.8% 的韓國成年男人表示自己曾經出軌過；相反地，只有 9.3% 的女人回答自己曾經出軌。如果光看 50 歲以上的統計數據，比例則是更高。超過 50 歲的人之中，有 53.7% 的男人和 9.6% 的女人表示自己出軌過。而他們人生中外遇對象的數字更是令人驚訝，男人的劈腿對象平均有 12.5 名，女人則是 4.3 名。這些外遇的比例數字隨著年齡越輕，會較低，年齡越高，平均數值大約會增加 4% 左右，其中又以 40 多歲的增長率高達 6.1%。

　　雖然我們總希望自己能和一個人長長久久幸福地過日子，但現實生活中外遇的人卻非常多。韓劇《夫婦的世界》中，演員金喜愛在先生的圍巾上發現了一根頭髮，就直覺先生有了「外遇」，但卻找不到實質的證據。其實，這時候我們可以透過幾個簡單的問題，觀察對方的心理反應，來確認他有沒有外遇。

　　因為另一半要外遇的話，需要很多時間。假設妳的伴侶因為加班、出差等藉口晚回家的時候，妳可以坐在客廳等著，等先生一回家就丟出這一句話：「你最近有什麼開心的事嗎？」

　　聽到這個問題後，如果先生回答：「妳問這什麼問題，我忙到現在才回來，能有什麼開心的事？還是妳有什麼開心的事嗎？」

的話，表示他應該不是外遇。但是，如果先生的反應是：「幹嘛這樣問？」的話，就表示他很有可能在隱瞞些什麼。因為對於一個真的清白的人來說，「最近有什麼開心的事嗎？」是一個沒有任何含義的問題，所以一點也不會覺得有什麼好奇怪。相反地，真的有外遇的先生聽到這個問句會心虛地覺得「呃，該不會被發現了吧？」或是「我妻子發現什麼了嗎？」而好奇妳為什麼要這樣問，因此反問妳「為什麼」，而不是回答妳「有」或「沒有」。

我希望妳們都能記住利用對方心理反應的這個小問題，但也希望妳們永遠不需要用到。

PART 2

這樣的他，
妳願意一輩子相處嗎？

憤怒調節障礙

總是爆躁又易怒的男朋友

Q：我有一個交往一年的男朋友，他大部分的時候都是個情感細膩的人，但是有時候卻又會忽然變得暴躁，開始大吼大叫。情侶之間不是本來就會吵架嗎？但是每次吵一吵，情勢對自己不利的話，他就會開始罵髒話，有時候甚至還會丟東西。如果只有我們兩個人的時候也就算了，但他在外面也一樣。有好幾次我們在餐廳時，因為發生一點爭執，他就大聲怒吼，導致我們被趕出餐廳；還有在電子遊戲場裡，大概以為自己是鐵拳超人，玩遊戲時，輸的話甚至會亂摔椅子。聽到這裡，每個人都應該以為他是神經病，但是神奇的是，他的職場生活過得非常順遂，平常也是一個非常溫和的人。但是一生起氣來，就無法控制憤怒的情緒，「忽然」變得暴躁，這時候該怎麼辦呢？如果接受治療吃藥的話，應該可以受到控制，但是每當我這樣提議的時候，他又會大鬧一場，問我是不是把他當成神經病，難道我沒有別的方法了嗎？

A：暴力傾向是不可能改變的。

女人在談戀愛的時候，如果看到男人體貼善良的那一面，就會升起想結婚的念頭。但是要真正了解一個已經交往一陣子的男人，最重要的不是他完美的那一面，而是要看他不完美的那一面。我們必須觀察男人生氣的時候會做些什麼行為，會怎麼說話，還有平常是怎麼紓解壓力等等，這才是最重要的部分。這些樣貌才是男人的真面目，其中包含了他的性格和氣質，這些都是不可能改變的部分。尤其談戀愛的時候就顯露出暴力的一面，那是非常危險的事。熱戀的時候大家通常都想要展現自己最好的一面，如果連這時候他都沒有辦法控制自己的話，交往越久，他就會因為兩人越來越親密，而顯露出自己的暴力傾向。戀愛時表現得很完美的男人們，結婚以後都有可能會變成另一個人，更何況那些一開始戀愛就不怎麼樣的男人，接下來變成爛人的機率非常高。

結論就是，戀愛的時候男人都溫柔體貼是一件理所當然的事，完全不需要因為這樣而被他感動。相反地，因為生氣就在電子遊戲場裡摔椅子，或是在餐廳裡因為大罵髒話而被趕出去的話，那跟他交往就是一個大錯誤。尤其是在職場上溫和有禮，但只對女朋友很「暴躁」的話，那他根本是「選擇性憤怒調節障礙」，這個情況更嚴重，而且他絕對沒辦法改變自己。希望妳別像美人魚一樣，明明知道最後會變成一陣泡沫，還是執意陷入愛情中。也希望妳記住，暴力傾向是不可能改變的。

> **Point ｜ 出局的男人**
>
> 　　熱戀期溫柔體貼的樣子有可能不是男人的真面目。談戀愛時，妳看到的那些不完美的樣貌，才是他真正的樣子。
>
> - 暴力性格也是有它的底線的。首先，「肢體暴力」完全不需要考慮，直接一次出局。除了妳想把戀愛談得跟「UFC」（終極格鬥冠軍賽）一樣，那可以努力試著去改變這種男人。
>
> - 語言暴力也得出局。對女朋友罵髒話，這件事情是嚴重到可以變成犯罪的。雖然「髒話」本身就是個大問題，但是會對著女朋友罵髒話這種「觀念」才是更大的問題。和有這種觀念的男人扯上關係，妳的人生只會越來越艱辛。
>
> - 比較難界定的是，雖然平時很溫和，但生氣的時候無法忍耐，會自言自語罵髒話的人。如果戀愛的時候，男人因為無法克制自己的怒氣，而讓女朋友聽到自己獨自罵髒話的話，一定要在那時就果斷地對他說「不要在我面前罵髒話」。當男朋友聽到這句話後，能立刻清醒跟妳道歉，並且以後都不再犯相同的錯誤，那他就有很大的可能改掉這個習慣。
>
> - 一開始時，音量漸漸變大聲並發脾氣，然後就自言自語地罵起髒話。如果放任這種情況，那他下次就會對

著妳罵髒話，或是舉起手貌似要打人。這時又繼續認為「男人就是這樣」，然後再放任下去，他可能就會開始亂丟東西，破壞家具，到後來貌似要打人的手就會落到妳的身上。這會變成一個無法改變的惡性循環。

- 男人是不會尊重會罵髒話的女人的。在戀愛諮詢中，我遇過一些不服輸的女人們認為「男朋友罵髒話的話，我就一起罵。他以為只有他會罵嗎？所以我沒差！」但是不服輸的心態對談一場幸福的戀愛一點幫助都沒有。戀愛的時候，男朋友對自己罵髒話，自己也罵回去，這種女人的人生會很疲倦。因為擁有幸福戀愛的女人不應該被男人罵，而自己也不需要罵對方。戀愛的時候，男人顯露出的暴力傾向，只會隨著戀愛的時間，成正比的增加。

\ 戀愛 TIP /

能讓男人假裝改變的馬奇諾防線是「3-6個月」

在十六年的戀愛顧問期間，我看過很多好男人變成爛男人，但是爛男人變身為好男人的例子卻只在偶像劇裡看過。那麼，在愛情中被鬼遮眼，想要換男朋友的話，什麼時候才是黃金時刻呢？

以進化論來看，女人判斷異性的過程比男人還要複雜。說直接一點就是，遇到「爛的戀愛對象」時，女人吃的虧比較大，所以在選對象的過程中會比男人謹慎。

當風險越高，女人們就會本能地對靠近自己的男人產生警戒心。但是一旦女人判斷男人是真心誠意的那刻開始，她們的熱情度就會急遽上升，理性判斷的開關就會被關閉。當女人認定這個男人之後，初期難搞的個性會消失得無影無蹤，像是願意馬上跟那個男人結婚一樣地深陷進去。男人也會覺得這種女人非常可愛。接著他們的身體接觸就會跟愛情一樣開始迅速進行，這時候男人的身體接觸是沒有後退這兩個字的。快速發展身體接觸的時期，男人就像是不在乎金錢跟效益一般，他們會全部押注在女人身上。於是，陷入熱戀的一對男女，關係會變得非常密切。但是當發展到「性關係」之後，男人會找回「現實」，女人則會開始看到男人從來沒展現過的真面目。

　　這時，深陷愛情的女人因為不想跟男朋友吵架、不希望男朋友不開心、擔心跟男朋友分手等理由，總是會選擇忍耐。如果可以一直忍耐當然很好，但是耐心也是有極限的。當時間久了，漸漸地女人無法再忍耐的時候，雙方就會開始爭吵。這時候男朋友會對女朋友說：「妳又不是不知道我原本就是這樣！幹嘛突然生氣？」

　　因此，雖然男人很難被改變，但妳想要試著改變他們的話，交往開始到身體接觸的最後一道防線前是黃金時段。雖然每對情侶的進度可能不太一樣，但我大約抓個 3-6 個月。這時候男人會開始認為，如果再不改變的話，可能就得不到這個女人了，所以至少會假裝自己有改變。白種元曾經說過：「一開始是在鏡頭面前演戲，但是久了之後，那就變成自己真正的樣子了。」就像白種元說的，最完美的情況就是，期待那個「假裝」，會慢慢轉變成男人真正的樣子。

　　所以說，戀愛初期不要逃避吵架，對方有做不對的地方，就要馬上跟他說。如果一個男人不需要尊重一個女人，卻還是可以繼續跟她交往的話，他就不會再尊重那個女人了。

電玩成癮
一天玩幾個小時算正常？

Q：因為男友電玩成癮，所以我打算跟他分手。可笑的是，我們是在電動同好會中認識的，結果卻為了電動而分手。

我自己也很喜歡打電動，不覺得打電動是一件很糟糕的事情。一開始因為我們的興趣一樣，很聊得來，也會一起去網咖打電動，一直相處得很融洽。男朋友很擅長打電動，曖昧的時候，我覺得他打電動的樣子帥呆了。其他人曖昧時都是去看電影、去遊樂園玩，我們反而是在網咖裡約會。

但正式開始交往以後，這些卻變成了缺點。就算再怎麼喜歡打電動，我們兩個都是上班族，不可能光靠著打電動過活。剛開始交往的時候，我們還會在外面吃飯，有時候也會去外面約會，但交往幾個月以後，現在每天都在打電動。後來才知道，他為了打電動，職場上也經常發生問題，但他還是執迷不悟。現在上班的公司，他好像也才剛進去幾個月而已。甚至當我跟他說：「既然這樣你乾脆跟電動交往好了啊，幹嘛跟我交往？」的時候，他竟然回我：「我以為妳會包容我一直打電動，才跟妳交往的。」還對著我發火說「我劈腿了嗎？還是犯了什麼法？

我只是在進行正常的娛樂生活，妳幹嘛這樣？」如果我繼續跟他交往應該會很不幸福吧？我是不是應該要放棄這段感情？

A：女朋友又不是媽媽！

雖然電動真的很有趣，但是交女朋友的原因是「我以為妳會包容我一直打電動」的話，就有點過分了。男人會有這種思考模式已經是一個很大的問題，他竟然還對著女朋友說出這種話，這樣的人是絕對不會改變的。如果妳覺得心裡不舒服的話，趕快分手比較好。

之前某婚姻介紹所曾做過一份問卷調查，其中一個問題是，在準備結婚前，如果發現另一半每天打三個小時以上的電動，你會怎麼辦？回答這個問題的女性之中，有 79.9% 的女人都選擇「我會分手」；但是回答問題的男性之中，62% 的男人都認為「沒關係」。另外，關於「你能夠心平氣和接受另一半的打電動時間是多久？」這個問題，大部分的人都回答一小時（29.2%）或三十分鐘（25.4%）。因此，一般單身男女普遍的想法是，不是不準你打電動，而是一天最好控制在一個小時左右。

妳的男朋友認為打電動不會危害到別人，也不是犯罪，這個觀念的確沒錯。硬要比的話，打電動比喝酒或賭博好很多。假如男人一天打十個小時的電動，但不影響談戀愛，工作上也能認真負責地做好的話，以女朋友的立場來說，就算覺得心灰

意冷，但那就只是一種娛樂活動而已，硬是阻止就是過度干涉了。可是若因為打電動造成情侶爭執，甚至導致工作上出現問題、辭職的話，這就不僅僅是讓人心灰意冷，而是男人完全沒有責任感。我一點都不鼓勵女人們和這種男人繼續走下去。

　　從「打電動的沉迷程度和態度」以及「打電動對日常生活的影響」來看的話，妳男朋友已經是「過度沉迷」的狀態，我認為短時間內是不太可能改變的。女朋友又不是媽媽，不可能一直等待，等到男人自己放棄打電動。雖然很令人惋惜，但我認為妳選擇分手是正確的，我支持妳的決定。

> **Point** ｜出局的男人
>
> 　　沉迷於打電動，導致影響到原本正常的生活，我們稱這種狀態為「電玩成癮」。打電動這件事，只要不影響日常生活及職場生活，還有不危害健康，就算另一半覺得看不下去，那也就只是正當的娛樂活動。相反地，因為打電動而產生了其他問題的話，那就是電玩成癮，跟這種人是無法擁有正常的戀愛關係的。

＼ 戀愛 Ｔ Ｉ Ｐ ／
跟電動有關的五個小知識

第一，根據美國史丹佛大學的研究顯示，就算玩同一個遊戲，男人從中獲取的滿足感也比女人高很多。讓十一對男女一起玩模擬類遊戲，並觀察他們的功能性磁振造影（Functional Magnetic Resonance Imaging，fMRI）發現，男人大腦中控制上癮及報酬的「中腦皮質邊緣系統」作用的部分，比女人還要高很多。

第二，某婚姻介紹所調查「準備結婚前，發現另一半每天打 3 個小時以上的電動會怎麼辦？」有 79.9% 的女性選擇「分手」，而 62% 的男性選擇「繼續交往」，這表示男人對於電動的接受度，比女人高一些。另外，單身男女想要和沉迷於電動的另一半分手的原因裡，第一名是「看到對方打電動就覺得心灰意冷」（33.8%），第二名是「佔據了可以約會的時間」（20.5%），第三名是「浪費時間」（17.4%）等等。

第三，關於「另一半每天可以打多久電動」的調查顯示，多數的人認為是一小時（29.2%）。其餘回答則依序為三十分鐘（25.4%）、三小時（19.4%）、兩小時（15.9%）。

　　第四，WHO 所制定的電玩成癮標準為：1、缺乏停止打電動的自制能力；2、打電動超越其他日常，成為生活中最優先的事情；3、儘管產生負面影響，仍然繼續沉迷電動。如果因為以上的行為，導致日常生活、職場生活及人際關係受到嚴重影響，並維持至少十二個月，我們就可以判定為電玩成癮。

　　第五，如果下面項目中，有四個以上的症狀，並長達十二個月的話，我們就可以懷疑是「電玩失調症」：1、過度沉迷於電玩，影響到日常生活；2、不能打電動時會產生禁斷現象、焦慮或沮喪等情緒；3、打電動的時間不由自主地漸漸增加；4、控制能力漸漸減弱；5、大幅減少對於其他娛樂活動或是人際關係的關注度；6、藉由打電動，來逃避負面情緒、無力感、挫折感及焦慮感；7、因為沉迷電玩，而影響到人際關係、職場或校園生活。

酒後誤事

這樣的飲酒習慣，該接受嗎？

Q：我男朋友非常喜歡喝酒，和朋友聚會時要喝，公司應酬時要喝，看足球的時候也要喝。心情好的時候喝一杯，心情不好的時候也要喝一杯，朋友需要找人解悶時還是要喝一杯。就算沒有特別的活動，他也會找一些奇怪的理由，一個星期一定會喝四次以上。大部分喜歡喝酒的人是因為酒局的氣氛，但是我男朋友就只是喜歡喝酒。他每一次喝酒至少是三瓶燒酒，真不知道這有什麼好炫耀的，但他常說男人在社會上打拼時，三瓶燒酒是基本酒量。

問題是，他喝醉後常常找不到人，之前還睡在公園過。幸好那天是週末，不然他隔天一定無法上班了。有一次是我們交往兩週年，說好星期天一起去看舞台劇，但他星期六喝了太多酒，隔天太晚出門，又因為宿醉導致整個人狀況不好，那天的約會完全被他搞砸了。

我已經 30 多歲了，我們交往超過兩年，所以也有結婚的打算，但我男朋友太喜歡喝酒了，讓我有點煩惱。男朋友很直截了當地對我說他本來就是這樣的人，其他方面都可以配合

我，但和朋友喝酒這件事情他實在沒有把握自己可以改變，他也因為自己很誠實而顯得非常理直氣壯。其實，他在其他方面都是個不錯的男人，但就是太愛喝酒了，對於飲酒習慣不良的男朋友，我該怎麼跟他相處呢？

A：酒後的狀況才是判斷標準！

讓已經結婚的女人感到壓力非常大的問題之一就是先生的飲酒習慣，因為飲酒過量時，健康問題、金錢問題、以及忽略家庭等問題的發生機率會變得比較高。如果女人規定先生不要喝酒的話，通常先生就會辯解說不是他想喝酒，而是為了在社會上生存不得不喝酒。雖然我也不知道為什麼一定要喝酒才能拉近關係，或是才能談成生意，但是在社會上生存，的確有某些時候是必須要喝酒的。

那關於男朋友飲酒過量的問題，喝多少算是安全（Safe），超過多少算是出局（Out）呢？談戀愛的時候，男朋友的「飲酒問題」哪些情況下是可以結婚，哪些情況會讓妳的婚姻變成獨守空閨呢？

首先，「一個星期喝幾次？」、「一次喝幾瓶酒？」這些問題雖然也很重要，但是最先要看重的應該是「喝酒會不會對日常生活產生不好的影響？」就算一個男人的酒局很多，但他不會影響到職場生活或談戀愛，也會注意自己身體健康，並節制自己的酒量，那妳其實可以不用過度擔心。相反地，如果

喝了酒就失去蹤影讓人擔憂，或是影響到隔天的行程，甚至連帶產生金錢問題或暴力傾向的話，這代表他的飲酒習慣非常糟糕，而且也很難改變。如果談戀愛時就有這些現象，那結婚後情況只會越來越嚴重。

Point｜出局的男人

　　如果男朋友只是喜歡喝酒，但在戀愛、社會生活、健康等方面都不會產生問題，那就只是妳的喜好跟他不同，而不是他做了什麼錯事。但如果明知道自己喝酒後會搞砸事情，但還是無法控制的話，那這個男人就該出局了。

- 就算男人的酒局很頻繁，但他不會失去聯絡讓人擔心，職場生活也很單純，又會注重自己的健康，那這樣的男人是可以當作結婚對象的。
- 如果喝酒時不懂得節制，會影響到隔天的約會或工作，而這個男人明明知道自己會這樣，還不改掉愛喝酒的習慣，那麼跟這種男人結婚，只會賠上自己的人生。
- 通常在男人的生活中，發生金錢、健康、女人、暴力等意想不到的變故，應該都和酒脫離不了關係。這也是已婚女人們經常為了先生飲酒問題而煩惱的原因。

＼ 戀愛 T I P ／
女性喝酒時一定要知道的五大飲酒常識

　　第一，人體的脂肪容易吸收酒精。通常女性身體的脂肪率比男性還要高，水分含量則較少，因此就算男人和女人同時喝一瓶燒酒，從生理上看來，女人身體所吸收的酒精比男人還多。也就是說女人比較容易喝醉。

　　第二，女性體內的酒精分解酵素比男人低。酒精分解酵素過低時，身體就無法充分地分解酒精成分，容易影響肝功能。這也是女性飲酒時，比較容易危害健康的原因。

　　第三，如果以酒精分解酵素的作用來看，女人喝一杯酒等於男人喝兩杯酒。當男女攝取一樣的量時，女性會比較快喝醉，宿醉也會維持得比較久。也就是說，在酒局上，認為女性要和男性喝相同的量才公平的那些人，其實是很愚蠢的。

　　第四，喝酒的時候，我們會覺得異性非常有魅力的效應叫做「啤酒效應（Beer Goggle）」。根據加拿大湖首大學的研究團隊指出，女性飲酒後，判斷男性外貌的能力會降低，解讀男人臉部對稱性的能力也會下降。這也就是男人為什麼要灌妳酒的原因之一。

　　第五，研究顯示，男人喝酒後，就算被女人的魅力迷惑，酒醒之後也會恢復原狀；但相反的，女人喝酒後，和男人牽扯在一起的話，就算酒醒了，對那個男人的啤酒效應還是會一直延續下去。其實，人就連神智清醒的時候，選對象都會選錯，所以真的不建議這種在喝醉時和男人扯上關係的行為。

進出八大場所

這算劈腿？還是我太敏感了？

Q：因為男朋友去外縣市工作，所以我們已經遠距離戀愛十個月了。我們本來就是屬於乖乖牌，所以不管是近距離戀愛還是遠距離戀愛，生活都沒有什麼改變，反而從每天見面改成一個星期見一次面，變得更珍惜對方，關係也變得更好。

但是，我們上個星期吵了一架。原因是男朋友跟我自首（？）他在公司聚餐時，被公司的主管帶去有女人的酒店。他說自己是被拖去的，所以什麼事情都沒發生，就像在 KTV 一樣，唱了一下歌就回去了。因為他是自己承認，又是被帶去的，雖然我很不高興，但是也只能發發脾氣，叫他要注意自己的行為，這件事就過去了。男朋友還邊跟我道歉，邊說就算得因此離職也絕對不會再去那種地方。

但是我跟朋友聊到這件事的時候，聽到了令人震驚的故事。一個比較了解男人文化的朋友很詳細地跟我敘述了有女人的酒店是什麼情況，真的下流到我聽不下去。我立刻打電話給男朋友問他到底是什麼情形？男朋友說不是我想的那樣，他只是一個人坐在那裡邊喝啤酒邊唱歌，然後就回去了，但我實在

無法相信他。男人們聚會常常去那種地方嗎？這算是劈腿嗎？如果他之後又去了怎麼辦？是我太敏感了嗎？

A：不承認也沒有改變的意圖，就直接放棄。

關於妳的問題，男人們聚會時常去那種地方嗎？說實話，不是不常去，而是去不了。那種地方的酒錢非常貴。年薪 4 千萬韓圜（約新台幣 92 萬元）的男人，花掉一天的薪資可能還不夠付酒錢。如果他是跟朋友們去的，或是花自己的錢去的，那他有可能經常光顧那些地方。這件事沒有辦法改變的，如果妳不能接受，只能自己斟酌該怎麼處理，對自己的身心健康也比較有益。只是妳男朋友的情況是，有「公司」、「主管」、「被迫」和「自首」等等幾個需要考慮的因素。

這算是劈腿嗎？男人的身體和心靈就像動漫「無敵鐵金剛 Z」的拳頭一樣是可以分離的，因此男人通常自私地認為，就算去了八大場所，如果沒有動心，就不算是劈腿。但是那些都是男人們的藉口，以女人的立場來看，100% 就是劈腿。就像小偷無法判斷自己偷東西算不算做錯事一樣，男朋友或是老公出入八大場所算不算劈腿，還是要由女朋友或是老婆來判斷。

如果他之後又去了怎麼辦？雖然我不知道那位很了解男人文化的朋友跟妳說了什麼，但八大場所的類型有很多種，可能比冰淇淋店的冰淇淋種類還要多。所以男友去的地方可能真的跟妳朋友說的地方不一樣。儘管如此，去有女人幫忙倒酒的酒

店，的確不像去遊樂園一樣，是可以在 SNS 上面炫耀的事情。妳男朋友應該也知道這一點，才跟妳「自首」。以男人的立場來看，說實話，除了某幾種職業真的避免不了要去那些地方，大部分「無法避免」都只是男人們的藉口。

最後我要說，不是妳太敏感。如果我是女人，可能也會立刻要求分手。能夠改變的男人和無法改變的男人最大的差異就是，他們有沒有羞恥心、想不想改變自己。就算有羞恥心，想要改變自己的人，都有可能改變不了，更別說那些連羞恥心都沒有的人了。妳男朋友看起來是個有羞恥心也願意改變的人，這已經是不幸中的大幸了。

Point ｜ 出局的男人

就算承認自己做錯事，並且有改過的意圖，很多事情也很難改變。但如果連這兩個想法都沒有的男人，直接放棄吧。

- 關於八大場所，有一次都沒去過的男人，但沒有只去一次的男人。
- 以 2013 年的基準來看，韓國的性交易場所大約有 4 萬 4 千 8 百多間。比全韓國的 CU 和 GS25 便利商店加起來還要多兩倍；也比全韓國的星巴克、Twosome

Place 蛋糕店和 Ediya coffee 連鎖咖啡店加起來還要多十倍。甚至在新冠肺炎肆虐的 2020 年 6 月 10 日開始到 9 月 10 日之間，使用全國 3 萬 8 千間八大場所的總人次還高達 561 萬人次。這個數據比獵愛酒吧及知性酒吧（127 萬人次），夜店及 KTV（120 萬人次）還要高出四倍。

- 金漢揆律師表示：「有婦之夫出入八大場所，和八大場所的職員進行第二攤的性交易，仍然是適用於性交易防制條款。」江東宇性醫學研究室的江東宇博士表示：「根據韓國版金賽報告內容顯示，40.5% 的男人都認為性交易不算是外遇，這表示『分不清楚性交易和外遇的人，大部分都是男人』，並指出『性交易就是外遇，人們必須要盡快釐清對於性交易的認知。』」

孔孝真：
「你也是愛情至上主義者嗎？
覺得愛情永遠只會帶給人幸福、快樂、感動和勇氣嗎？」

趙寅成：
「它也會帶給我們痛苦、傷痛、難過、絕望以及不幸，
但同時也會帶給我們克服這一切的勇氣。」

——韓劇《沒關係，是愛情啊》

男朋友跟我借錢，該怎麼辦？

Q：我今年 30 歲，男朋友比我小 3 歲，今年 27。我們交往了大約一年。我是上班族，剛開始交往時男朋友正在找工作，經濟方面有一點拮据。那時他曾說他學費是申請助學貸款，生活費也是有人借給他，才勉強過得去，所以約會的費用大部分都是我出的。

交往五個月左右，男朋友家裡發生了一些事情，他很煩惱錢的問題，所以開口問我能不能借他。第一次我借了他 400 萬韓圜（約新台幣 9 萬 2 千元），他很謝謝我，說找到工作後會馬上還我錢。但是過了兩個月左右，他又跟我說真的很對不起，能不能再借他 300 萬韓圜（約新台幣 7 萬元），他保證是最後一次，所以我就借他了。

三個月前，男朋友終於找到工作了，我比自己找到工作還要開心。除了可以拿回我借他的錢，我覺得我們終於也可以像其他人一樣約會了（因為我其他朋友都可以和男朋友去旅行、去高級餐廳，我雖然有工作，但是擔心男朋友覺得自卑，所以我們一直像窮學生般在約會）。但是，男朋友卻說他到處欠了

很多錢，要先還清那些債務，所以沒有馬上還我錢。甚至上個月因為貸款有問題，又問我能不能再借他 300 萬韓圜，我因為沒有現金了，所以沒辦法借他。現在約會的時候，還是我出的錢比較多。這是個不太正常的現象，對吧？

A：開口借錢後，問題就產生了。

這的確有些不太正常，遇到喜歡的人時，如果左臉長了痘痘，就會只想給對方看右臉，這才是正常人的心態。男人在喜歡的女人面前，都喜歡虛張聲勢，就算很弱小也會假裝強大，就算一無所有也會裝作自己什麼都有。

男人都是未雨綢繆的人。我可以相信他，不是從一開始就想跟你借錢。他是真的很感謝、也很喜歡這個明明知道自己很困難還願意接受自己、即使約會時付的錢比較多依然喜歡自己的人。然後就會依賴這個心疼自己、又照顧自己的姊姊（女朋友）。到目前為止，都還是可以理解的範圍。

但是從妳借他錢開始，他就知道女朋友是個「很好說話」的人。對 27 歲的人來說，400 萬韓圜比他的月薪還要多，他開口借這些錢時，窮困但腳踏實地的男朋友就消失了。

想要和這種男人好好交往，有美好的未來的話，就要先拿回自己借他的錢，並觀察這個過程中男人的態度。幾百萬韓圜的錢很重要，窺一斑而知全貌也非常重要，如果談戀愛時就持續發生這些問題的話，也不需要看什麼未來了。

Point｜出局的男人

我們都想呈現最好的一面給喜歡的人看，所以當我們給對方看到自己最不好的一面，也就是跟對方「借錢」時，就開始有問題了。

- 如果真的打算找到工作就馬上還錢，這 400 萬韓圜，是我的話我寧可跟銀行借。也就是説，與其對自己心愛的女人表現出自己窮困、軟弱的一面，那我寧可多付一點利息。

- 男人當然可以跟女朋友借錢，但是找到工作，有錢了以後，應該要馬上還。一直不還錢的人一開始也許是「沒有」錢沒錯，但後來是「不想」還錢。

- 説好聽一點，借錢的男人依賴知道自己的情況還是願意全盤接受並理解自己的女人。説難聽一點，他自己也習慣了這個狀態，開始利用自己的女朋友。一碗米養恩人，一斗米養仇人。雖然他不是一開始就不存好心，但是太輕易的借到錢以後，人心就會漸漸轉變。建議開始不再借男朋友錢之後，還要注意觀察他還錢的過程。如果在這過程中，出現了其他問題，就表示當初戀愛時那個善良的男朋友已經消失了。

善妒
男友會對我的異性朋友抓狂

Q：男朋友的嫉妒心非常強，如果我和其他男性朋友在一起，他一定會抓狂，就算只是在咖啡廳跟對面位子的男人對看到，他也會怒火中燒、大發脾氣。我參加同好會的活動，或是難免有和其他男性開會、一起聚餐的時候，他也無法接受，有一次被他看到，他像是抓到我劈腿一樣，大發脾氣就掉頭走了。而且他也不喜歡我穿短裙，就連我去吃飯喝一杯酒，他也說非常危險，總是要監視我。上次聚餐時，他還一直坐在隔壁桌等到我們結束。照男朋友的意思，男人都是非常危險的，因為我太漂亮了，所以他才不自覺地一直感到很擔心。這是嫉妒還是執著？他好像越來越嚴重了，我該怎麼辦呢？

A：**請分清楚執著與嫉妒的差異。**

他才是最危險的傢伙。雖然妳男朋友口中說別的男人們都很危險，但在我看來，他自己才是最危險的男人。嫉妒是指，因為太喜歡對方，所以希望對方眼裡只有自己的那種情緒。如果我的伴侶和別的異性一起開心地吃飯或喝酒，我會很不開

心，這就是嫉妒，情侶之間沒有這種情緒的話，那可能就不叫愛情了。我們可以知道，愛和嫉妒就像針和線一樣，是一種相對的情緒。但是嫉妒心變得太嚴重時就會變成「執著」。執著是因為太愛對方，把嫉妒的心情顯現出來，並加以控制對方的行為。干涉對方的穿著、限制對方活動路線、破壞對方和其他人的關係等，都可以算是執著，妳男朋友現在的狀況就是執著。

嫉妒和執著的根本都是「佔有慾」。雖然大家都認為女人的執著或嫉妒心比男人強，但事實上卻不是這樣。男人們嫉妒起來更可怕，佔有慾越強的男人，發生問題的機率就越高。嫉妒和執著在一個人自信心較低的時候，通常會更強烈的顯示出來，它同時表現出害怕對方離開自己的心情、以及希望對方能受自己控制的慾望。執著的人會認為問題不出於自己，而在對方身上找原因，為了消除那個原因，他們就會漸漸地習慣去控制對方的行為。講難聽一點就是，他們有理說不清，只活在自己的世界裡。

這種男人的自信心很低、但是佔有慾卻很高，希望自己能隨心所欲地控制妳。如果只是自己嫉妒、或是表現出很傷心低落的情緒那還沒有什麼關係，但是用「太愛妳」這三個字去美化嫉妒這件事，並操控妳的日常生活，就太危險了。當你們的關係越來越深刻時，他的執著會越來越嚴重，早一點結束這段感情是比較好的作法。

Point｜出局的男人

　　因為太喜歡對方，所以希望對方眼中只有自己，這種嫉妒的情緒是愛情中的一部分。但是當情緒太過頭，嫉妒心外放，開始約束對方的行為的話，這就是執著了。太過於執著的男人，通常都會有一點暴力傾向。

- 自信心高的男人，不會因為擔心被女人劈腿而產生嫉妒心。所以自信心高的男人比較有魅力，人氣也比較高。但是現實生活中自信心高的男人並不多，而且這種自信心高的人不會去干涉對方，所以也不想要自己被干涉，他們會有另一個缺點就是太難以掌握。

- 同時擁有適當自信心和些微自卑感的男人，是最常見的。當他們的伴侶和其他異性一起出門或是交情很好的話，他們就會感到嫉妒或是心裡不舒服。這時候，如果他們有適當的自信心，就能夠誠實地表達自己低落的情緒，但也願意儘量尊重對方的私生活，這是非常理性的嫉妒，這種男人很適合交往。適當的嫉妒會讓對方覺得自己更有價值，也能成為更想要努力守護這段感情的動力。

- 執著是指希望對方眼中只有我的心情，轉化成現實的行動，並想要控制對方的服裝、態度和人際關係等等。這種人的佔有慾很高，但自信心卻偏低，因為擔心自

己會被拋棄，所以情緒會比較不穩定。通常他們是很難被正常邏輯說服的，最好是在雙方感情變得更深刻之前就先分手。

- 玩咖都很有魅力的原因是他們的自信心都很高，隨時隨地都從容不迫。他們的特徵就是不嫉妒也不執著，因為他們一點也不愛對方，當然不會嫉妒，所以女人們才會產生錯覺，認為他們看起來從容不迫又有自信心。但是，有愛情的地方就會有嫉妒，有嫉妒的地方才會有愛情，因此「冷靜的愛情」和「冰冷的火焰」是無法共存的詞語，它們是互相矛盾的。冷靜地談感情的男人，他們非常有可能是玩咖。

「因為我太愛對方……
所以我緊緊地握住對方的手。
導致我沒有發覺對方感到很痛苦。」

──山本文緒《戀愛中毒》

我看過很多人，
因為太愛對方，太想從對方那裡得到愛情，而用了不對的方法，
結果卻讓他得不到愛情。

生活習慣（上）

垃圾不分類的男朋友……

Q：我和男朋友一起在家看電影，因為電影中出現了吃泡麵的畫面，所以他也想吃泡麵。我肚子不餓不想吃，所以男朋友就自己煮，然後把泡麵的塑膠包裝丟到一般垃圾桶裡。我一看發現一般垃圾桶裡還有空的寶特瓶，就問：「你為什麼把這個丟在這裡？」男朋友沒好氣地回我說：「不然要丟在哪裡？」我又說：「這個有回收標誌，你應該要另外丟啊！」我其實沒有提高聲量，只是一般的說話，結果他突然生氣地大吼說：「我在我家煮個泡麵吃，為什麼還要聽妳碎碎念啊？」

我很無言，就回說：「垃圾分類本來就是我們應該做的事情，不分類的話就會浪類一般垃圾袋的錢，而且現在丟垃圾不分類還會被罰錢。」然後男朋友又生氣地回說：「我在YouTube上看過，就算分類了，那些東西也不會真的回收再使用，如果被罰錢也是我會繳錢，所以妳不要再管了。」

我們因此大吵了一架，還分手了一陣子，後來男朋友承認沒有做垃圾分類是他的錯，以後會好好處理垃圾分類，並跟我約定不會再這樣發脾氣，我們才又和好。事後想想，因為垃圾

分類而分手真的讓人很無言。我和朋友們說這件事，他們也都說是男朋友的錯，他為什麼不做垃圾分類呢？

A：先想想，這種爭執會不斷發生嗎？

如果以男朋友的立場來想的話，自己每次都沒有做垃圾分類，但從來沒有發生什麼問題，女朋友又不是綠色和平組織（國際環保組織）的職員，只是因為一個泡麵的包裝就對著自己碎碎念，的確有可能心情不好。在不同環境下長大的男女，因為這種小事情而吵架是非常正常的情況，當情侶之間為了小事情爭執時，我會先問這個問題：「這個問題是一次定讞的問題？還是會反覆不斷產生的問題？」

如果是一次定讞的問題，其實根本不需要吵架，因為以後也不會再發生這件事。相反地，如果是會反覆產生的問題，就會繼續發生。垃圾分類的問題是不良的生活習慣引起的事情，所以很有可能會再次發生，但幸好男朋友事後有承認自己的錯誤，也有立刻改正，這個部份我們應該要先相信他。

最近因為環保話題非常熱門，大白天的時候也會經常看到管理垃圾分類的人巡邏。男朋友可能要被檢舉一次，吃過「一碗 10 萬元韓圜⁴的泡麵」以後，才會認真的思考環保問題，所以我建議妳先不用做出太敏感的反應。可以為了這個吵架，但

4　將可以回收的垃圾和一般垃圾混在一起丟棄時，將為處 10 萬韓圜（約新台幣 2300 元）以下罰金。

是吵到分手就有點誇張了。因為如果會為了這點小事分手，那你們交往的這段期間內，可以分手的事情也太多了。

還有，雖然說環保很重要，但是更重要的應該是你身邊的那個人。結論就是他對於環保的感受度比較低，爭吵的過程中雖然態度有點不好，但是妳非常理直氣壯。男朋友很尊重這樣的妳，所以跟妳道歉，也說好不會再次發生，因此我覺得你們為了這件事再次爭吵的機率應該很低。希望你們能好好地交往下去。

> **Point │ 出局的男人**
>
> 　　情侶吵架的時候，最重要的是分辨這是一次定讞的爭吵，還是反覆不斷的爭吵。
>
> - 情侶吵架是一件很正常的事情。幸福的情侶不會覺得爭吵是一件壞事，要能夠理所當然地看待爭吵，才會有幸福的戀情。有信任當基礎的爭吵不是壞事，我們要懂得，現在這個爭吵不是「為了分手」，而是「為了讓雙方好好交往，而互相磨合的過程」。
> - 如果有不爭吵的情侶，他們只是還沒吵架，或是兩人之中有人一直在包容對方。
> - 情侶在爭吵中互相了解雙方的不同，也了解要如何配

合對方。爭吵不是不好的行為，爭吵過程中不良的態度才是不好的行為。如果爭吵一直不斷反覆出現，每次爭吵時，那個不良的態度也會一直反覆出現。最糟的是，隨著交往時間變長，那個不良的態度就會越來越惡化。

- 華盛頓大學的心理學名譽教授約翰・高特曼博士表示，只要觀察十五分鐘夫妻之間爭吵的情況，他預測十五年後這對夫妻會不會離婚的準確度高達 90% 以上。會造成離婚的態度就是「鄙視」，像是「你懂什麼啊？」這種讓對方受傷的話語或態度以及行為等等，都屬於鄙視。

- 就算經常爭吵也不會分手，反而可以長長久久交往的情侶，通常他們爭吵的時候，正面的情緒和負面的情緒不會超過 5：1。如果情侶爭吵時，他們負面的情緒超過 40% 的話，這對情侶分手的機率就會像負面情緒的比例一樣急速增高。

- 最後我想說，會承認自己的錯誤並道歉，然後約定下次不會再發生的男人，真的是個不錯的男人。

＼ 戀愛ＴＩＰ ／
用案例學分辨一次定讞的爭吵 vs. 反覆不斷的爭吵

　　我們可以透過以下案例，試著練習區分這些問題是「可以解決的問題」還是「反覆不斷的問題」。

　　案例1：先生秉哲和妻子約定好，夏天的時候因為容易產生味道，會每天丟家裡的垃圾和廚餘。平常都會遵守約定的秉哲，最近因為公司事情太忙碌而常常加班，不知道是不是因為要處理的事情變太多了，所以他就常忘記倒垃圾。妻子如果特別交代他就會去丟，但是妻子沒說的話，他經常就這樣算了。妻子對於連丟垃圾這個約定都沒有辦法遵守的先生感到非常失望，所以不斷地對先生碎碎念。這個問題可以解決嗎？

　　答案是：這個問題不會反覆發生，是暫時的。平常都會遵守約定的秉哲，只是因為公司突然太忙碌而忘記約定的話，可以找出其他的解決辦法。可以用訊息提醒對方不要忘記，或是在電視上貼便條紙請對方記得兩人的約定，或是這段先生很忙碌的期間，讓妻子暫時幫忙這件事，並說好等先生忙完這段時間後，會再補做其他家事等等，都是可以解決問題的辦法。

　　案例2：妻子恩靜非常討厭每次因為小事和先生爭吵時，先生都會大發脾氣並大吼大叫。恩靜在跟先生爭吵時，拜託他不要

大吼大叫，但是先生卻更生氣地大吼說：「難道我不高興的時候，都不能發脾氣嗎？」造成每次吵架的時候，恩靜都會不自覺的哭泣，先生看到哭泣的妻子就會更生氣。這個問題可以解決嗎？

　　答案是：這是反覆不斷的問題。先生在爭吵時，會用大吼大叫的方式表達自己的怒氣；而妻子表達自己情緒的方法則是哭泣。這是因為個性和生氣習慣而引發出的問題，在生活中是會不斷反覆的問題。這不是情勢造成的問題，而是人的問題，所以基本上是解決不了的。

　　案例 3：明吉和素恆這對夫妻，不久之前中了彩券 1 千萬韓圜（約新台幣 23 萬元）。但幸福是短暫的，明吉認為這次機會非常難得，所以他打算拿這些錢帶全家人去夏威夷旅行，但是素恆卻覺得旅行任何時候都可以去，這些錢應該拿去買基金投資。明吉覺得妻子怎麼會把投資看得比家人們之間的回憶還要重要，他不認同妻子的想法。而妻子則看不會考慮未來、只顧眼前享樂的先生很不順眼，因此他們最近經常爭吵。這個問題可以解決嗎？

　　答案是：這個問題不會反覆發生。首先，中獎這件事讓人覺得很羨慕。但是，中兩次獎是一件不太可能的事情，所以這是不會再次發生的幸運煩惱。如果把這個問題想得複雜一點，會認為

這是對於金錢價值觀的問題，想得簡單一點，就是對於如何使用
彩券獎金抱持著不同的想法。只要不去夏威夷，改去東南亞或是
濟州島之類的地方，精打細算地累積家人之間的回憶，再把剩下
的錢拿去買基金就可以解決這個問題了。

生活習慣（下）

男朋友吃飯時總是發出聲音……

Q：我們交往了六個月，最近突然開始看見我男朋友的缺點。比如說，不管我們約幾點，他絕對不會比我早到，總是會遲到二十分鐘。我很注重餐桌禮儀，但是男朋友吃飯時，總是發出「嘖嘖」的聲音。我也不知道為什麼我現在才發現他這些缺點，真的好神奇。對於這些，我男朋友的態度是「吃飯發出聲音很正常啊，有什麼問題嗎？」雖然我很不喜歡我男朋友的行為，但這好像是吵架也解決不了的問題，所以我也沒辦法對他說「你吃飯時可以不要出聲音嗎？」

除了這個以外，我對他還有幾個不滿意的地方，因為太丟臉，就不一一說明了。我應該要繼續忍下去嗎？如果要開口跟他說的話，我該怎麼說呢？

A：**熱戀期淡去後，兩人生活習慣能否配合會更清楚。**

我有一位朋友打呼聲非常大聲，學生時期如果晚上和他一起睡覺的話，我一定要把白噪音機開到最大聲放在耳邊，才有可能睡著。那傢伙結婚後，有一天我問他的妻子：「他打呼超

級大聲的，妳晚上睡覺應該很痛苦吧？」結果她竟然回我說：「我老公會打呼嗎？我從來沒有聽到過耶！」看來她的耳朵是被愛情搗住了。不過，不知不覺他們結婚十年了，最近聽說她開始嫌他打呼太大聲，已經分房睡了。

從心理學的角度來看，熱戀期淡去的時間點，也就是愛情的有效期限大約是六個月到兩年六個月之間（根據不同的研究，會有些微差距）。重點就在於，熱情黏膩的愛情漸漸淡去，轉變成生活中的伴侶時，一開始沒注意的缺點就會慢慢顯露出來。這時候妳得理解，這個人其實本來就是這樣的人，是自己沒看清楚，而不是對方故意要欺騙，也不是誰做錯了什麼事情。而因為日常習慣不同，「看不順眼」的部分，很遺憾是無法改變的，尤其是像吃飯時發出聲音這種當事人不覺得有問題的事情，更是無法改變。

但是我還是要告訴妳，兩個不同個體的男女交往時，因為生活方式不同而發生爭執是非常普遍的事情，經由這些爭執，反而可以互相了解雙方的相異之處，也可以讓雙方互相學習如何配合對方。如果怕自己成為壞人，而逃避爭執的話，那是最愚蠢的。

我認為，與其問他說「你吃飯時為什麼要發出嘖嘖的聲音？」反而應該要淺淺地帶過說「我有點在意吃飯時聽到別人發出聲音。」比較好。主詞不是「你」做了什麼錯事，而是「我」很在意。他就算不知道自己有什麼缺點，但知道妳會在

意後就開始注意餐桌禮儀的話，那他就是個很好的對象；反之，如果他認為這有什麼好在意的而和妳爭吵，就可以明確地知道你們兩個之間存在著不同的生活習慣。雖然情侶不會因為這種瑣碎的小事而馬上分手，但如果之後發生了其他的問題，這種瑣碎的小事就會影響妳判斷還要不要繼續維持兩個人的關係。

Point｜出局的男人

　　有些明星或名人曾公開表示自己跟另一半從來不會爭吵。以戀愛顧問的身分來看，他們是很理性的夫婦，但也不太正常。夫婦爭吵是一件很正常的事情，經由爭吵也可以學習「對彼此的體貼」，讓雙方的關係繼續維持下去。因為爭吵和意見不合可以讓我們了解到，自己不經意的行動可能會給對方造成傷害。認為爭吵是很嚴重的事情，而逃避爭吵的男人，不是一個理想的男人。

大男人主義

總是把「女人啊」掛在嘴邊的男朋友

　　Q：男朋友是鄉下人，他的父親是一名軍人。所以怎麼說呢？他有一點大男人主義。舉例來說，他會自然而然地說出：「就算生小孩之前妳想要工作，小孩出生後還是讓媽媽照顧比較好，所以妳到時候最好可以辭職。」或是「這不是性別歧視，而是女人本來就比較會做家事，男人比較會賺錢，所以家事交給女人做比較有效率。」他也會發表「因為女生要生小孩，所以不能喝酒或抽菸。」或是「女人比較容易發生危險，所以晚上不能在外面閒晃。」的言論。但是他自己卻又抽菸又喝酒，三更半夜還在外面遊玩。

　　前陣子看到關於女人遭到性騷擾的新聞，他竟然用那種「一定是那些女人有哪裡做得不好，不然怎麼會發生這種事」的態度說話，我累積的怨氣就大爆發了。所以我一件一件的跟他說明，他曾經說過哪些性別歧視的內容，結果他反而生氣地說：「我有說錯什麼嗎？如果我有說錯什麼，妳不要感情用事，妳可以客觀地反駁我說錯的地方。」他認為自己很客觀理智，而女人們總是感情用事，才會有這麼多問題。這部份我跟他簡

直沒辦法溝通，最後就不了了之了，但說真的我心情非常的不好。雖然過一陣子，他就會說自己剛剛好像太激動了，並跟我道歉，但是每次都還是老樣子。剛開始交往時，他完全不會這樣，現在只要想到我打算結婚的男人是這種人，我就覺得有點擔心。如果越來越嚴重怎麼辦？他會改變嗎？

A：狗嘴吐不出象牙來，他以後會越來越嚴重的。

說直接一點，這種傾向會繼續顯現出來的。如果妳想要用愛去克服這件事，我也沒辦法阻止妳，但如果妳期望看到男朋友的轉變，我勸妳還是放棄比較好。舉例來說，妳現在的情況就像是，買一個最新型的電器用品所花費的金額，比修理壞掉的電器用品還便宜非常多的局面。

每個男人認為自己是個客觀又理性的人，但那其實是錯覺。我有時候也會這樣，因為身為一個人類是無法客觀的。從這個角度看來，妳男朋友已經超越了大男人主義，算是有點自私了。自私不是一件壞事，因為追求自身的利益，不是一件錯誤的事情，但是帶有太多這種想法的話，他的同理心就會漸漸減弱，這時候會產生其他問題，身為和他朝夕相處的人也會過得比較辛苦。不管妳跟男朋友說什麼，當一個人只看自己想看的，只聽自己想聽的時候，妳自己也知道，妳是無法說服他的。

男人比較會賺錢真正的原因不是他們的能力比較強大，而是公司整體都是以男性為主在運作。我也是托這個福，小孩出

生後還能繼續我的職場生活，而妻子就成為了家庭主婦。雖然這是因為沒有人可以照顧小孩，所以我們雙方協商出最好的一個辦法，但我依然會為當時的「協商」，對妻子感到很抱歉。現在時間是半夜一點半，我在辦公室寫我的書，但是妻子因為新冠肺炎的關係，已經連續幾個月不辭辛勞地照顧著無法去上學的孩子們。以軍隊生活來看，她根本是已經連續幾個月都在二十四小時值班了。所以，我認為我賺的錢有 50% 其實是妻子賺的，是因為她犧牲自己配合我，堅守著名為家庭的球門，我才能夠放寬心地專心進攻。

小孩一定要媽媽來照顧這個想法是個固有觀念。根據英國紐卡索大學的研究顯示，幼兒時期和爸爸一起度過比較多時間的小孩，智商（IQ）會比其他小孩高，進入職場時也能夠坐上比較高的職位。另外，美國科學媒體《每日科學》（Science Daily）刊登的研究指出，爸爸一起參與育兒生活的話，能夠預防小兒肥胖。除此之外，爸爸參與育兒生活，小孩的依戀情況會比較穩定，焦慮和壓力指數也會比較低，還有自信心會提升，可以輕鬆地和各式各樣的人們維持友好的關係。有非常多的研究都顯示，當爸爸參與育兒生活時，會延伸出非常多好處。

關於抽菸會危害身體，所以不要抽菸比較好這句話沒有錯；女人因為要懷孕生子，所以要注意身體健康這句話也是對的。但是結婚以後，妻子懷孕的話，男人也應該要一起戒菸。許多科學家的研究都顯示出，二手菸對身體的危害，跟直接抽菸沒

有什麼差別。至於女人晚上在外面閒晃很危險，不是因為很晚還在外面，而是因為壞人太多了。我們應該要讓壞人們消失，營造一個可以安心在外面的社會。認為女人晚上待在外面才會發生危險的事情，這個邏輯真的不可思議！有這種想法的男人，我認為不管說什麼有邏輯有道理的話，他都聽不進去的。

小時候，我認為就算是個性不和的人，只要互相磨合還是可以幸福的生活下去，但經過十六年的戀愛諮商，我發現這全都是誤會。我常常在想，就連個性非常契合的兩個人，都沒辦法保證在婚姻中一定會過得幸福；更何況而一開始就不是很契合的兩個人，勉強自己跟對方磨合、結婚，真的是正確的決定嗎？

我希望妳能和一個跟自己聊得來、想法契合的人交往。如果沒有這樣的男人，那不如自己一個人生活。這是身為一個女兒的爸爸給妳的諫言。

Point │ 出局的男人

結婚後最容易讓妻子感到疲憊的另一半類型就是「沒有同理心的男人」。大男人主義的男人們同理心不足，在經營家庭生活方面也會有很大的問題，他們是無法改變的。如果在戀愛時發現這種問題，妳就必須要認真地思考，妳能一輩子承受這個缺點嗎？

厭女

男朋友竟然是厭女網站的會員？

　　Q：和男朋友出遊時，因為我的手機沒電了，所以借他的手機滑一下，當我點開網頁時，我的媽呀，竟然自動連到厭女網站。搜尋網頁時，不是會有好幾個分頁嗎？他不是其中一頁不小心連到厭女網站，而是四個分頁都是厭女網站的頁面。我稍微看了一下，充滿著一些讓我說不出口的下流言語，及辱罵女人的髒話。甚至還有好幾篇是男朋友親手寫的文字。

　　男朋友今年 35 歲，在一家不錯的公司上班。從外表看來，他是一個很正常也很優秀的人，我實在是太震驚了。我以為這種事情都是不懂事的小孩們做的，沒想到我男朋友竟然會是厭女網站的會員。因為這實在太丟臉了，我不好意思跟別人說，過一陣子我小心翼翼地開口問男朋友，他反而嚇了一跳。他說自己只是因為好玩，所以偶爾進去看一下，沒有很活躍地在裡面發言，如果我不喜歡的話，以後就再也不會去看了。雖然我很想相信他，但還是很擔心。我可以相信他嗎？

Ａ：要不要相信是妳的選擇，但是他不會改變的。

　　厭女網站就是從「同理心不足」開始的。同理心是指理解他人感受的能力，這是談戀愛時，選擇伴侶的最重要因素。同理心不足的男人出乎意料地非常多，雖然會因為程度不同而有所差異，但是和同理心不足的人相處，人生會變得非常疲累。講直接一點，同理心不足的話會變成一個不善良的人；完全沒有同理心的話，就可能成為精神變態者。

　　我能夠理解妳想要相信對方，認為對方只是一時走錯路想要原諒他一次的心情。如果是思考方式或是政治立場不同時，也許可以這樣處理，但是男友以會員的身分在「厭女」網站中活躍，這表示他已經把厭女當成一種文化在享受。以女人的立場來看，妳必須要遠離這個男人。

　　因為他是一個妳不想錯過的好男人，所以妳會有點猶豫，但這種時候妳要考慮的不是該怎麼樣讓男朋友退出那些網站，而是要考慮自己能承受有這種傾向的男人嗎？不管妳做什麼選擇，可能都會後悔。因為是條件很好的男人，分手的話可能會後悔，但一直交往下去妳應該也是會後悔。不論做什麼決定都是妳自己的選擇，妳只要記住這點就好。要不要相信他是妳的選擇，但是他是不會改變的。

Point｜出局的男人

　　就算和價值觀很接近的人交往都有可能發生很讓人煩惱的事情，更何況是帶有厭女價值觀的男人更不用說了。「那我不如自己一個人生活。」這句話就是用在這個時候。

　　如果我是女人，在和一個男人結婚前我一定會確認兩件事情，那就是查詢「案底」和「留言歷史」。女人們如此看重男人的經濟能力，但我覺得很神奇的是為什麼不會確認這些事情？人們在網路購物時會仔細評估售後評價；看電影的時候會經由電影評分來選擇電影；但為什麼在選擇一輩子相守的人時，卻可以不在乎查詢案底這種事呢？

　　其實想要和對方過幸福快樂的生活，這些部分應該更重要。如果我是女人，我會在雙方同意後，互相調查對方的案底，也會要求兩人一起登入各大網站，觀看對方的留言歷史。因為最近的社會，實在是有太多外表看起來正常，但內心卻非常奇怪的人了。

「不幸福是沒有原因的。

孤單一人不一定不幸福，

兩個人也不一定很幸福。

幸福和不幸是我們的決定。

我希望從現在開始我們可以自由的選擇，

單身可以享受單身的快樂，

兩個人也能享受兩個人的快樂。

我們都是一體的。」

——孤單的標誌，金在東的無限挑戰「介孤朋 [5] 紀念詞」

---

5 「介紹孤單的朋友」的簡稱。

負債

可以接受男友債務的種類是？

Q：我和男朋友今年都 30 歲，是他先喜歡我、追我，我們才交往的，已經有一年多了。說實話，男朋友長得很帥，身高很高，也很會穿衣服。雖然我知道他在哪裡上班，但是我不知道他的薪水多少。不過，他開著名車，也喜歡打高爾夫球，所以我一直以為他的家世很好。我很喜歡旅行，所以我們兩個也經常去旅行，戀愛的過程非常愉快。我的父母也都認識我男朋友，他們希望我能夠遇到一個好男人，趕快結婚。

有一天我們在閒聊時，聊到了結婚這個話題，結果男朋友馬上說：「對不起，其實我身上有一些債務，如果要結婚的話，可能還要過幾年。」然後就沒有想要繼續說明下去。我認為這對我們來說是個很重要的問題，所以不斷說要他跟我說清楚，結果他說他大概有 1 億韓圜（約新台幣 230 萬元）的債務，主要是因為助學貸款、唸書時的生活費，還有一些是因為利息很便宜，所以貸款去玩股票，但是最後都賠光了。我接著問他說：「你既然有這麼多債務，為什麼還要買進口車？還要去打高爾夫球？」結果他表示，那些是他的自尊心，寧可欠債也無法放

棄。我還以為男朋友是一名帥氣又認真上班的男人，我現在覺得好失望。但我是真的很愛我男朋友，我可以用愛來克服這一切嗎？

A：沒有什麼比為了錢而結婚還更糟糕的行為，也沒有什麼比單憑愛情而結婚還更愚蠢的行為。

有能力又會賺錢的男人是最優秀的；再來是，雖然暫時沒有錢，但是卻很認真工作的男人也不錯；最需要避開的是，沒有能力還負債累累，然後又要裝闊的男人。債務雖然沒有分好的債務和不好的債務，但債務是有名字的，助學貸款和一般房貸這種是可以接受的債務。當然，沒有債務是最好的，但有些債務是可以理解的，所以當一個男人有債務時，要先觀察的是他的債務種類和金額，還有他的態度和意志。

30 歲的男人，沒有一點存款，還貸款玩股票，然後說進口車和高爾夫球是自己的自尊心無法放棄，而導致負債 1 億韓圜，這種男人的債務很快會從 1 億韓圜變成 2 億的。這是那個男人的生活態度和習慣，無法被改變。

Point ｜ 出局的男人

　　當妳深愛的男人有負債的時候，一定要觀察「金額」、「負債原因」和「對待債務的態度」這三點。如果這三種選項內，其中一個有問題的話，那麼結果就像人會生小孩一樣，債務會生出債務。

- 我們可以理解男人到了 30 歲還沒有存款，但是若還負債 1 億韓圜，助學貸款完全沒有償還，又因為自尊心買了進口車，這種男人的債務很快就會變成 2 億韓圜的。
- 債務也有分種類。根據韓國婚姻介紹公司朵歐的問卷調查顯示，單身男女能夠接受另一半債務的種類，第一名是「助學貸款」，第二名是「房貸」，第三名是「因手術等健康因素產生的債務」。另外，絕對不能接受的債務種類第一名是「因為賭博或情色場所而產生的債務」，第二名是「奢華的生活費而產生的債務」，第三名是「繼承家裡的債務」。因奢華的生活費而產生的債務是男女都無法接受的。
- 以心理學的觀點來看，會對對方債務比較敏感的人大多是女人。因為男人的財務狀況會對自己以及育兒帶來極大的影響。

嘮叨
話很多的男人究竟好不好呢？

Q：我的男朋友長得很帥。我們在曖昧的時候，我發現他沒有女朋友，以前也沒有交往很久的對象，還覺得很神奇。後來開始交往之後，我終於知道原因了，因為他的話實在太多。一般來說，都是女朋友們想要講很久的電話，男人們只想要趕快掛電話，但在我們身上完全相反。我大概跟他通話一個小時之後，就會開始詞窮，想要掛電話了，但是男朋友還是想要一直跟我說話。他說我們才剛交往，應該要多了解對方。說實話，話多就已經很讓人困擾了，更令人無法接受的是，他的聲音就像歌手金鍾國唱歌的時候一樣，又細又尖，所以更讓人覺得他很嘮叨。朋友們都說如果男朋友可以改變這點，那他真的是個不錯的人，要我不要放棄他。我有可能改變我男朋友嗎？

A：**如果是找結婚對象的話，話多的男人反而很不錯。**

不過，要撐到結婚那時候可能也有困難。

通常女人一天說的話會比男人還多。神經科學家露安·布哲婷在著作《女人的大腦很那個……》中表示，女人平均每天

要說兩萬個字，而男人只會說七千個字。這是因為女人大腦中管理情緒和記憶的部位比男人還廣泛的關係，因此我們才會說「女人處理情緒時需要八線道的高速公路，但男人只要一條小小的鄉間小路就可以了」。話多其實有益身體健康，它能排解壓力、提升記憶力、還可以幫助睡眠。

以戀愛對象來看的話，嘮叨的男人的確比較沒有魅力，但是以長期的關係來看，他比沉默的男人好多了。如果妳去詢問周圍已婚的人們，妳就知道為什麼。雖然戀愛的時候會覺得沉默的男人看起來很可靠，但是結婚後反而會讓人崩潰。大部分的女人都認為，與其面對沉默的男人，有一個可以一起看電視、一起聊天的先生還比較好。

不過，男人話多雖不是一件壞事，但他們是很難改變的。就算女朋友表示不喜歡他們嘮叨，他們會暫時克制，儘量少說一點，但那也只是暫時的。就像減肥後的溜溜球效應，嘮叨模式是馬上會恢復的。另外，嘮叨是可以努力改變的，但妳男朋友的問題還有聲音。藝人金鍾國體格好，錢也賺得多，可能可稍微扳回一成，一般男人的聲音太細的話，就可能讓人覺得很隨便。但是，根據心理學家的研究，聲音較細的男人們，他們的攻擊性比較低，劈腿的機率也比較小。

最後我們再來思考一下。如果男朋友長得很帥，個性又好的話，那他話多、聲音又細，對妳來說不是件好事嗎？目前看來可能有點沒有魅力，但是長遠來說，是一個很多優點的男人。

如果好好溝通，他應該是會努力改善的，所以妳等到跟他溝通以後，再來煩惱這個問題也不遲。

> ### Point｜出局的男人
>
> 　　男人的嘮叨，現階段看可能是個缺點，但以長久來看會是優點。
>
> - 談戀愛的時候，我們也許會比較喜歡話少及聲音低沈的男人，但妳問問其他女性們就會知道，話多的男人比惜字如金的男人更好相處。
> - 很多心理學者們都表示，人類為了在險惡的社會上生存，他們會不自覺地去評斷對方。而聲音就是評斷一個男人最重要的因素。女人們會認為聲調低沈沙啞，聲音充滿自信的男人很有魅力，但這種男人通常對自己很有自信，他們的性感條件，也有可能會讓他們變成玩咖。
> - 像藝人盧洪喆一樣多話的男人，雖然因為話太多會讓人感覺有些輕浮，但他們比沈默的男人更能表現自己，不會隱藏自己，反而比較能夠遵守承諾。經常談論自己的男人，比不常談論自己的男人更值得信賴。

＂

「我從沒想過愛情會這樣緩緩地渲染到對方的生活。
我一直以為愛情是在某個瞬間突然出現在我面前的東西。」

──電影《美術館旁的動物園》

＂

客嗇

我只是想吃糖醋肉⋯⋯

Q：我是一個 27 歲的上班族，和男朋友已經交往兩年了。我就開門見山地說吧，我的男朋友是個小氣鬼，完全是鐵公雞的程度。剛交往的時候，我以為他只是很節儉，但過了一年左右，他開始顯露出本性了。我知道他不想要亂花錢，但我不懂他為什麼連我的薪水都要插手管理。我們又還沒有結婚，想到我要看男朋友的臉色，連買個昂貴的保養品都不行，就覺得自己很委屈。就連去中式餐廳吃飯，我都不能點我超喜歡吃的糖醋肉。另外，我們也沒有車子，出國旅行這件事更是想都不敢想。

我因為太不爽，生氣地質問他：「你存這麼多錢要幹嘛？」他回我說：「一、兩年後我們準備結婚的話，就會需要花很多錢，當然要先存錢啊！我是真心想要和妳結婚。」雖然這話很好聽，而且也很有道理，但是我還是覺得感受很不好。朋友們都說，男人對自己喜歡的女人是很大方的，她們覺得這之中有鬼。他是不是不愛我呢？有什麼方法可以改變這個一點都不知變通的男朋友？

Ａ：妳可以換男朋友，但是很難改變男朋友的作風。

雖然讓人很難置信，但以長久的戀愛對象來看，小氣的人是個很不錯的對象。以目前短期戀愛對象看來，這麼吝嗇的人沒有優點也沒有魅力，但以結婚後的伴侶來看，這反而可能是一個優點。雖然我不知道這個連糖醋肉都捨不得吃的男人會和誰結婚。但談戀愛的時候，其實很多男人都喜歡裝闊。我有個學弟在畢業後馬上就買了一輛很酷的車子，他去哪都開著那輛車，然後認識了一個曖昧對象。雖然不一定是因為車子，但曖昧初期，他每天接送對象上下班，兩人變得很親密，最後就發展成戀人，然後結婚了。結婚之後，他的妻子才發覺一件事，一直以來看起來像是富家子弟的那個男人，其實是一個窮光蛋。談戀愛時收到的禮物、一起吃的美食、愉快的旅行回憶，其實變成債務，就連那輛車也是用 60 期分期付款買的。跟妳說一個祕密，其實那傢伙在結婚前，和其他女人交往的時候，也是送對方很好的禮物、一起去旅行吃美食。難不成妳以為對妳很大手筆的男人，對其他女人會很小氣嗎？

對女人來說，裝闊的男人就像味精一樣。妳明明知道對身體不好，卻總是讓人忍不住想嘗試，因為他們總是讓人回味無窮。所以裝闊的男人們，身邊經常會有很多女人糾纏他們。以這個角度來看的話，吝嗇的人反而是比較穩定的對象。結婚後，經常讓妻子們困擾的三個問題是「金錢」、「酒」和「女人」。有趣的是，這三件事都是互相有關聯的，愛喝酒的男人會花很

多錢，牽扯到女人問題的機率也比較大。其中最重要的核心就是金錢。因為沒有錢的話就不能喝酒，也不能出去玩。也就是說，如果男朋友真的是小氣鬼，妳就不用擔心他會因為金錢而發生其他問題。

　　但是，每件事情都應該要適合而止。他自己想要省錢是無所謂，插手管女朋友的薪水就有點太誇張了。還有，談戀愛的時候，吃一盤糖醋肉也得看男朋友臉色的話，結婚以後大概也不會好到哪裡去，既然妳不是鐵公雞，就可能會因為價值觀不同和他發生爭執。如果說男朋友剛開始不小氣，交往一年後才露出本色的話，表示他自己也知道談戀愛時表現得很吝嗇的話，很有可能會被分手。所以我認為妳應該好好跟他溝通，那麼就算你們不能去夏威夷旅行，吃一盤糖醋肉或是去水上樂園玩應該也是沒問題的。妳得告訴男朋友，為了還看不見的未來，而不點糖醋肉，造成爭吵的話，情侶最後一定會分手的。如果男朋友仍覺得為了存錢結婚而沒有能力吃糖醋肉，堅持說服妳吃煎餃，那你們結婚後的十五年間大概都只能吃煎餃了，這個時候，妳可以認真地考慮要不要跟他分手。

> **Point** ｜出局的男人
>
> 　　小氣的人雖然不是一個好的戀愛對象，但卻可能是一個不錯的結婚對象。
>
> - 如果他的父親不是包租公的話，通常大手筆花錢的男人都是裝闊（其實欠債）。雖然談戀愛的時候很開心，但是結婚後是要一起還債的。
> - 有時候女人會滿意於男人有一間不錯的房子，但也可能結婚後才知道其中 90% 都是貸款來的。住在豪宅裡，也不代表他的資產很多。
> - 有一些男人和女朋友約會時，不斷強調要講求現實及投資報酬率，但是對待自己的日常生活時，卻不講求現實，也不在乎投資報酬率。和這種男人交往的話，愛情電影也會變成紀錄片的。

政治立場相佐

政治立場完全不一樣的兩人
能走下去嗎？

Q：我和男朋友的政治立場完全不一樣，讓我覺得非常困擾。如果硬要分的話，我傾向自由派，而男朋友是保守派。神奇的是，我不知道為什麼在韓國他這麼支持保守派，但是談到美國政治時，他卻又支持川普。其實，雙方的立場太不相同，如果不談的話就不會有問題了，所以我會避免談論政治，但是偏偏男朋友又很關心政治。在餐廳吃飯時，如果看到政治新聞，他會和隔壁桌不認識的大叔聊起來；喝完酒坐計程車的時候，也會因為政治話題和司機爭論不休。每次我問他，你又不是小孩子，為什麼硬是要和不認識的人爭論，他就會跟我吵說：「國家政治這麼重要的事情，怎麼可以就這樣算了。」他明明也是一個很聰明的人，不知道為什麼一提到政治就變成笨蛋。請問和政治立場完全不同的人，也能夠和平地交往嗎？

A：可以交往，只是會很疲憊。

在川普當選總統那年，住在美國華盛頓州的葛爾・麥康

梅和結婚二十二年的先生離婚了，原因是她先生是川普的支持者。麥康梅這樣述說她離婚的原因：「我不想整天都要一直解釋自己的政治立場。我不想要這樣渡過我剩餘的人生。」雖然這個案例有點極端，但政治立場不僅僅是單純地支持某個黨派，而是和一個人的政治觀有關，所以也會影響到戀愛關係。

法國某個問卷調查顯示，77% 的受訪者都表示「因為政治立場不同，曾經想和伴侶分手」，另外有 75% 的受訪者也認為「沒有辦法和政治立場不同的人維持長久的戀愛關係」。在韓國國內也有做過類似的問卷調查，根據某婚姻仲介公司的調查顯示，單身男女的受訪者中，有 25.5% 的人曾經因為政治立場不同和伴侶發生爭執。但是，有一項引人注目的問題是：「你可以和政治立場不同的人結婚嗎？」受訪者中，40.5% 的男人都認為「可以」，但 36.8% 的女人都認為「不可以」。

就像妳男朋友說的，就是因為政治和我們的生活有非常密切的關聯，所以人民是應該要關心政治，並監督政治人物。僅僅因為政治立場不同就分手聽起來的確是一件很誇張的事。但是不分時間和場所，也不分對象，總是要發洩自己的對政治的看法及憤怒，讓身邊的人感到困擾的話，會分手也是合理的行為。所以說，單純政治立場不同其實不是什麼大問題，但遇到政治立場不同的人，就不顧一切地表現出攻擊性的態度，那就是個大問題了。當男人連和女朋友在一起的時候，都要和陌生人爭論政治，導致身旁的女朋友感到很困擾，甚至還會對勸

阻自己的女朋友發脾氣的話，就表示這個人其實沒有什麼同理心。這時候別說是政治了，一起生活時各個方面都可能發生反覆的爭吵。

　　如果妳的對象是靠政治吃飯的人，我可能會勸妳再多體諒他一點，但是若身為一般人的話，他分明就是一個經常讓周遭的人感到疲憊不堪的人。這種人最喜歡和別人爭論不休，他是無法改變的。

Point｜出局的男人

　　政治立場不一樣還是可以一起生活。但在強調自己政治立場的過程中，總是和他人爭論，讓周遭的人感到困擾的話，他就是個沒有同理心的人。這種人在其他方面也一定會顯露出相同的情況，妳必須知道，和這樣的人維持長久的戀愛關係，生活一定會變得很疲憊。

姊弟戀
和年紀小的男人結婚，
就像是養兩個兒子一樣辛苦？

Q：我今年 32 歲，已經在工作了，男朋友比我小 5 歲，今年 27 歲，明年二月才要畢業，還沒有找到工作。我們已經交往一年了。剛開始交往時，兩人之間沒什麼大問題，但最近我男朋友好像變得沒什麼自信。我馬上就要 33 歲了，說沒有結婚念頭那是騙人的，我男朋友也知道這件事情，最近常常因為自己一無所有而跟我道歉。我已經儘量不給他壓力了，但他好像還是覺得壓力很大。前陣子他突然對我說「妳去找個條件更好的人吧！」雖然我叫他不要說這種話，但我其實經常聽到別人這樣跟我說。周圍也有幾對因為現實考量而分手的姊弟戀情侶。有一個已婚的朋友甚至說：「女人和年紀小的男人結婚，就像是養兩個兒子一樣辛苦。」我其實很喜歡我男朋友，但因為現實考量，說實話我也開始動搖了。

A：和年紀小的男人交往時，先注意他的鬥志和未來。

20 出頭時，比自己年紀小的男朋友自信滿滿地跟妳說「大

不了我去做粗工，難道還怕養不活妳嗎？」的時候，妳可以相信他。因為 20 多歲時，就算談一場超現實的戀愛，對妳的人生也不會帶來很大的影響。但到了 30 歲之後，妳會明白，要養活自己或別人不是件容易的事，也就是妳開始懂得「面對現實」了。

超過 30 歲後，除了交往的「對象」很重要，交往的「時機」也變得很重要，因為會牽扯到比較複雜且現實的狀況。我們在討論「戀愛的時機」都會發現，25 歲時，就算妳 100% 愛著某個人，認定自己一定要跟他結婚，但事實上妳們真的結婚的機率也很低；但是 32 歲時，妳和某個人交往，雖然妳愛他的程度只有 70%，但你們結婚的機率卻非常高。

不過，姊弟戀真的像一般人所想得那樣毫無優點嗎？以進化論的觀點來看，的確沒什麼好處，但如果以下兩點能達成的話，年紀小的男人的優勢反而比年紀大的男人還要高。

第一，堅定的鬥志。

說真的，年紀小的男人就算目前還沒有什麼能力，但至少要有鬥志。也就是「就算我去做粗工，也一定會讓妳幸福的」這種鬥志。因為小男友對於未來還感到一片茫然時，如果意念就先動搖的話，女朋友的意念也會跟著動搖的。畢竟年紀小的男人就算很有氣勢地說「相信我吧」，都會讓人覺得不放心，更何況說出「我們條件不夠好，妳還是去找個更好的男人吧」，

我認為妳要跟這種人一起克服未知的未來應該不太容易。

第二，希望的未來。

年紀小的男人雖然能力還不足，但從另一個角度來看，他是一顆「寶石原石」。如果是個有夢想、有鬥志、又肯打拼的男人，他未來可能會比同齡的人還優秀。雖然現實生活中他看起來尚不太可靠，但是未來充滿著希望的小男友，比年紀大的男人還要有魅力。

至於妳已婚朋友說「女人和年紀小的男人結婚，就像是養兩個兒子一樣辛苦。」我認為這句話只對一半。因為和年紀比較大的男人交往，結果也是一樣的。我在進行夫妻諮商時發現，乾脆讓年紀比較小的男人負擔少一點經濟壓力，這樣他們在分擔家事、養育子女、以及夫妻間的交流上，都會比年紀比較大的男人還更好溝通。

> **Point │出局的男人**
>
> 　　年紀比較小的男人，如果他不是偶像劇裡才會出現的那種「總經理」，或者爸爸是「包租公」，那他的能力比年紀比較大的男人低一點是很正常的。但是年紀小的男人必須要具備能夠克服難關的鬥志以及對未來的信念。如果沒有這些條件，在面對無法掌控的未來時，不論是男人自己還是女朋友都一定會有所猶豫。這時候，如果小男友還說出「我的條件不夠好，妳去找個更好的男人吧」這種沒有志氣的話，那女朋友的心一定會更加搖擺不定。

\ 戀愛 T I P /
姊弟戀的優點與進化論的轉變

「應該只是玩玩吧，他們能長久嗎？」、「她應該沒有慎重考慮過吧」雖然很多人都這樣看待姊弟戀，但 2019 年韓國統計處針對婚姻狀況的數字是，現在每 100 對新婚夫妻中，女大男小的夫妻就有 17.5 對，已經超過同齡夫妻 15.7 對了。

其實女大男小以進化論的觀點來看，是一種逆行的突變因子。根據美國進化心理學家大衛‧巴斯博士以全世界三十七種文化背景為對象做的研究顯示，男性的理想結婚對象是比自己小 2.5 歲的女性，而女性偏好比自己大 3.5 歲的男性當另一半。進化論認為這是為了繁殖而產生的觀念，是因為男人喜歡能生出健康寶寶的年輕女性，而女人偏好有能力、能保護自己和孩子的男性。

但是韓國從 2014 年女大男小的夫妻（16.2%）開始超越同齡夫妻（16.1%）以後，女大男小的夫妻日益俱增。以過去十年的統計數據來看，進化論正在逐漸轉變中。這種女大男小的夫妻比例持續增加的話，有一天會不會變成一種趨勢？為什麼女人們會被年紀比較小的男人吸引呢？

第一，婚姻是個人選擇。

如果有喜歡的人，當然可以選擇結婚，但是我們不用為了結婚而結婚。如果是十年前，有人說這種話，會被認為是走在時代

的尖端，但是現代社會中，結婚是個人選擇這個觀念已經非常普遍了。韓國統計處的調查顯示，有 48% 的男性認為婚姻是個人選擇，而女性則高達 62.4%。既然沒有一定要結婚的話，那麼女人就會覺得和年輕又帥氣的男人談戀愛，應該會比較輕鬆。

第二，越來越多高學歷和經濟獨立的女性，所以和年紀小的男人談戀愛的情形也漸漸增加。

以女性的立場來看，與其跟有大男人主義的年長男性談戀愛，她們不如選擇聊得來又年輕的弟弟們。就像有能力的男人會理所當然地選擇年輕的女人，現在有能力的女人也可以自由地選擇年輕的男人。

第三，想擺脫大男人主義刻板印象的人們更多。

過去男人只要賺錢回家就可以坐在沙發上拿著遙控器看電視，但現在用吸塵器代替遙控器的明智男人則是越來越多了。以男人的立場來看，放下一點自尊心就能換來和平及幸福的家庭；以女人的立場來看，因為她們也承擔了許多家庭責任，所以促進了「大改革」，提高自己在家中的地位。而這種大改革在女大男小的夫妻中可以進行地更加順利。

第四，女大男小的性心理學。

撇開經濟能力及分擔家事等理由，其實女大男小在性方面有更大的優點。一般來說，男人在 20 多歲，女人在 30 出頭時，是他們身體最健康的時期。如果男性的年紀比較大時，30 多歲結婚的情侶，男性就比基準還多了 10 歲，那麼他的性能力就會明顯下降。我就不多解釋親密關係在夫妻之間是一件多重要的事情了，如果想要長長久久維持幸福的夫妻關係，那男人的年紀比較小絕對是一個非常有利的條件。

雖然很多人認為姊弟戀這只是一種社會趨勢。因為 100 對新婚夫妻中，還是有 67 對（66.8%）是男大女小的組合，男性基本上還是比較喜歡學歷和資歷都比自己低一些的女性；而女性依然是偏好學歷高、能力又強的男性。但是女大男小的夫妻的比例，就像在諷刺傳統的進化論一樣日益俱增，我非常鼓勵這種逆向行駛的進化論。

低自信心
我的男友只喜歡名牌

Q：男朋友非常喜歡名牌。說實話，如果他自己很有能力就算了，但是他的家世一般，工作也一般，可是衣服、錢包和鞋子卻都一定要買名牌，還認為昂貴的東西品質就一定比較好。而且不只是自己這樣，他還會在意別人穿什麼鞋子，戴什麼手錶，甚至覺得住在江南一定就是很有能力的人之類的。您對這種男人都什麼看法呢？

A：他是沒有自信心的男人。

喜歡炫耀名牌或是昂貴物品的男人，就算外表看起來自信滿滿，但他其實內心還是個沒有自信心的。如果自己很有能力，所以才用名牌的話還說得過去，但如果是超出自己能力範圍，無條件喜歡「別人口中昂貴的名牌」的話，他其實不像外表那樣信心滿滿，只是想要藉著名貴的衣服或鞋子展現自己的價值而已。這種男人不喜歡挑戰新事物，而是會跟隨大眾的腳步，用名牌或是學歷、居住的地區去評斷一個人，並且會過度在意

別人看自己的眼光，也可以看作是「關種⁶」的一種。

　　每個人或多或少都會有一點自卑感，有自卑感其實不是一件壞事，有很多人反而會將這種自卑感轉化成讓自己成功的動力。可惜妳男朋友的自卑感沒有轉化成動力，而是用來歧視別人。雖然妳男朋友不是一個壞人，但是他是一個對名牌趨炎附勢（沒有自主性，服從於龐大權勢的思想）的人，如果妳有考慮和他一直走下去，妳可能要好好評估他的這一面，再和他繼續交往。

> **Point │ 出局的男人**
>
> 　　沒有自己的想法，只是一味低追求別人口中名牌的男人，其實是個沒有自信心的男人。雖然他不是一個壞男人，但想要和他長久走下去的話，你們的相處跟生活可能會變得很辛苦。

6　韓國現代流行語，關心種子的簡稱，表示過度希望自己受到大家矚目的人。

\ 戀愛 T I P /

男人總是自以為帥的三個理由

　　有一次我和一個很要好的朋友在喝醒酒湯時，他突然問我：「喂，說真的，如果不要以我的朋友來看，而是從戀愛顧問的角度來看的話，我的條件應該還不錯吧？」我則是回答他：「你是想從我身上得到實話？還是要友情？」

　　說真的，大部分的男人都不認為自己是個糟糕的男人。他們會假裝謙虛，實際上心裡卻很有自信，認為「我條件已經很不錯了」或「我至少比我朋友 XX 還好吧」，甚至會互相覺得「別人我不知道，但我至少可以贏你」。男人到底為什麼總是自以為很帥呢？

　　第一，說真的，一個外表「還過得去」的男人，如果自以為很帥的話，追女人的成功率會比認為自己不帥的人高。以進化論的觀點來看，這是一種「自信心錯覺」，它會讓人相信自己很有魅力，而非常積極地去接近女人，而從女人的立場來看，她們確實比較容易傾心於主動靠近自己的男人。

　　第二，男人對外表的自信心和他們的經濟能力成正比。根據研究顯示，年薪 5 千萬韓圜（約新台幣 115 萬）的男人，他們對於自己外表的自信心，比年薪 2 千萬韓圜（約新台幣 46 萬）的

男人還高。經濟方面的能力其實只是「魅力的來源」，它和「帥氣的外表」其實沒有直接的關係，但男人經濟能力越高，他們就越深信自己長得很帥。

第三，每件事情都會習慣成自然。不管是學校還是出社會，一開始完全不感興趣的人，如果經常見面，變成習慣後，就會突然覺得對方是一名很不錯的異性對象。日久生情這句話是有道理的，神奇的是這句話也適用於自己本身。一個你不喜歡的藝人，經常在電視上出現的話，也會產生一點感情，覺得他越看越順眼，更何況是一直以來你每天都會看到的這張臉，你應該非常熟悉這張臉吧？這也就是男人很愛自己的原因。

對自己的外表很有自信心的男人，雖然妳和他交往時會覺得有點無言，但他不是個危險的男人，所以妳可以不用太擔心。自信心爆棚，而對自己非常自負的男人，不代表他的本性一定不好，一個男人有適當的自信心錯覺，其實他們會比低自信心的男人來得更加優秀。

"

「建議將男人們分為花美男、平凡男、長相抱歉男、極度醜男，

被歸類為花美男的人要繳兩倍的稅，

平凡男維持不變，

長相抱歉男減免 10% 稅金，

極度醜男則是減免 20% 的稅金。」

——日本經濟評論家 森永卓郎

如果是這樣的話，

大部分的男人都會認為自己要多繳一些稅金。

"

說謊的人（上）
絕對不能容忍的謊言是？

Q：以結婚為前提而交往的男朋友對我說謊了。他說他的父母都是公務員，會有退休金，所以他不用操心父母，只要管好自己就好，所以跟我說，等到我們結婚後，就一起努力過著幸福美滿的日子吧。但我後來發現他父母根本不是公務員，也沒有退休金。雖然說，跟我交往的人是他，我也不是很在乎他父母的職業是什麼，但是我想嫁的這個男人竟然會說謊，這件事讓我覺得衝擊很大。男朋友跟我道歉，並說他只是想要討我歡心才會這樣說，且從來沒在其他方面對我說過謊，要我原諒他一次，我該怎麼辦呢？我是很喜歡他，他是個很開朗也很幽默的人，但我也是真的擔心這個狀況。我可以相信他最後一次，並跟他結婚嗎？

A：**會編造和家人有關的謊言，表示有潛力當個騙子。**

有一家電視公司以十個成年男女為對象，做了謊言實驗。結果發現每個人平均一天會說三次謊言，主要是約會遲到時說路上塞車；或是明明自己不想接電話，卻說自己在開會等等，

好讓自己避開尷尬的局面。世界上沒有不說謊的人，就連夫妻之間也不可能 100% 誠實。但是謊言中，有一種是絕對不能說的謊言，那就是關於家人的謊言。

　　說男朋友父母是不是公務員、有沒有退休金跟兩個人未來的婚姻生活沒有相關的話，那是騙人的，但是現在的重點是，妳男朋友為了討女人歡心而說謊。他欺騙妳關於自己父母的職業和生活環境，這種謊言非常可怕，因為他不僅僅是說了和自己有關的謊言，還牽扯到家人，那就表示這個人的道德標準和一般人不太一樣。說直接一點就是，會編造和家人有關的謊言，表示這個人有潛力當個騙子。

　　假設一個男人只有 173 公分，但是他卻說自己加了鞋墊所以有 177 公分；或是他實際領到的年薪只有 4 千萬韓圜（約新台幣 92 萬），但是他卻加上稅金和勞健保等額度，然後說自己年薪接近 5 千萬韓圜（約新台幣 115 萬）；以上這些情況與其說他在說謊，其實只是「過度誇大」。至於對女朋友說「妳素顏比較漂亮」，這也不算謊言，應該算是「貼心」。昨天明明和朋友去喝酒，卻說自己太累，很早就睡覺了，這雖然是謊言，但還算情有可原。可是　一個男人如果會利用家人來說謊，那他當騙子的潛力就是無法改變的。和這種男人結婚的話，妳的內心總是會存在著懷疑的因子。每當他的謊言被揭穿時，妳就會覺得「我早就知道會這樣。」然後把自己塑造成一名不幸的人。

Point ｜出局的男人

　　為了討對方歡心而出賣家人的男人，就是一個會為了自己的目標而不擇手段的危險男人。妳最好離這種騙子遠一點。

- 和善於說謊的男人約會時會非常開心，因為他們為了討對方歡心，會若無其事地說著違心的謊言。

- 謊報自己加了鞋墊的身高是「過度誇大」，稱讚女朋友比演員宋慧喬還漂亮是「貼心」。這些雖然也是謊言，但卻不會使對方的人生造成重大改變。

- 雖然世界上沒有不說謊的人，但是一個會編造和家人有關謊言的男人，即使和他交往時可能很開心，但妳內心深處卻會經常焦慮不安。因為妳會一直懷疑他說的話哪些可以信，哪些不能信。當妳被欺騙過一次，就回不去最初的心態了，未來的生活，可能經常會發生讓妳覺得「我早就知道會這樣」的懊悔事件。

說謊的人（下）
可以被原諒的謊言是？

Q：我交往一個月的男朋友，很喜歡開玩笑地（？）說一下小謊。雖然他自己不覺得是在說謊，但我真的覺得那樣很不好。舉例來說，我們聊到臉書，我跟他說臉書現在有新功能，然後他回我說「哇，我都沒發現，妳好厲害。」但當我看他的臉書時，發現他早就會使用那些功能上傳文字了。還有一次，明明有蚊子但是他卻不打蚊子，我問他為什麼，他說因為覺得蚊子很可憐，所以不想打。當時我也沒多想，但前幾天我去男朋友家，他看到蚊子就直接拿起電蚊拍打，我又問：「你不是說蚊子很可憐，你不想打嗎？」結果他說：「其實不是覺得蚊子很可憐，只是沒有電蚊拍，才沒辦法打。」

諸如這些，我男朋友每次都喜歡在這種小事上開玩笑，讓人覺得很不高興。我希望有人能理性地告訴我，我應該要體諒我男朋友嗎？是我反應太過度了嗎？

A：觀察「謊言的種類」和「說謊的原因」。

羅伯特・費爾德曼是一名三十年來致力於研究日常生活中

騙局的作家，他經由實驗結果發現，其實「人們平均每十鐘就會說三次謊言。」

雖然情侶之間的信任非常重要，但是這不是指你們在任何時間、任何情況下都要 100% 誠實。如果這世界上的每對情侶都 100% 誠實，真的所有人都會幸福嗎？我反而認為大家都會分手。謊言本身是一件不正確的事情，但是與其判斷妳說的例子中的謊言到底是善意還是惡意，妳更應該觀察的是「謊言的種類」和「說謊的原因」。

妳男朋友的行為，其實是為了迎合女朋友而產生的「拍馬屁」行為。雖然那是個謊言，但並不是為了獲得利益而欺騙對方，而是為了拉近兩人距離的謊言。舉例來說，假裝不懂臉書的功能，其實是想顯示出女朋友懂很多事情。至於打蚊子，我覺得他是以為那樣說會讓女朋友認為自己很人性化，才出現的反應。令人遺憾的是，男朋友為了迎合女朋友，或是為了討女朋友歡心而「拍馬屁」行為實在太容易被揭穿了。

情侶之間說謊是一件很不應該的事情，但是男朋友不是編造其他謊言，只是舉例中提到的臉書和蚊子這種無傷大雅的事情的話，其實妳可以把它當成日常生活中的玩笑話就好。為了情侶之間幸福的生活，我們必須懂得睜一隻眼閉一隻眼的智慧。不過這是我這個第三者的看法，如果妳還是覺得「因為蚊子太可憐了，所以我不想抓蚊子」這句話讓妳無法苟同，那我也沒辦法阻攔妳。

Point ｜出局的男人

　　為了迎合對方而「拍馬屁」這件事，雖然是説謊，但它其實無傷大雅，反而有時候能夠成為情侶之間的調劑。

　・「拍馬屁」説難聽一點是謊言，説好聽一點其實是男朋友在為女朋友著想。只是有些男人表達方式太笨拙了，出發點是好的，但是言語和行為卻太容易被揭穿，反而惹得女朋友不開心。

　・往好處想的話，「拍女朋友馬屁」其實是表示在這段關係中，女朋友是佔了上風。明明知道臉書的功能，卻還裝作不知道，其實是為了讓女朋友看起來比較厲害。

　・情侶交往久了以後，就容易發生爭吵。關係良好的情侶爭吵時懂得區分該爭吵的事情和不需要爭吵的事情，他們會在和好的過程中互相磨合。

\ 戀愛 T I P /

說「有空一起喝一杯吧」的男人，是真心的嗎？

一對一聯誼時，遇到喜歡對象的機率大概是 20% 左右，也就是說，參加五次一對一聯誼，可能才會遇到一個不錯的對象。簡單地說就是，十個異性走在路上，妳看一眼就會覺得對他有好感，覺得他不錯的人最多只會有兩個。但是就算如此，很多男人在參加單身聯誼時，總是會不自覺地說出「有空一起喝一杯吧」，或是「下次再約喔」等等回應。女人總是會相信男人的下次再約，但那些大部分都只是場面話而已。我們究竟要怎麼分辨男人的「場面話」呢？

女人們可以和不是很親密的人一起吃飯聊天，但是可惜的是，男人們在這方面的社交能力比較弱。女人們就算在路上碰巧遇到十年沒見的朋友，也可以很自然地交換電話、相約吃飯，而且一起聊天吃飯時也完全不會尷尬。相反地，男人們就算是在路上遇到十年前曾經很親密的朋友，在他們在寒暄、交換名片後，也許會說「有空一起喝一杯吧」，但他們真正相約見面的機率卻比女性低很多。

男人在團體生活中最常說的「場面話」之一就是「我們有空一起喝一杯吧」。舉例來說，明吉在聚餐中遇到另一家公司的金主管，對他說「我們有空一起喝一杯吧」，就算明吉沒有付諸行動去約金主管，金主管也不會認為「你不是說了要喝一杯，為什

麼都不跟我聯絡？」在男人的立場中，他們認為「有空一起喝一杯吧」的意思是：有付諸行動就見面，如果沒有付諸行動那就只是一句場面話而已。

只不過「有空一起喝一杯吧」這句話在女人聽起來，如果她對那個男人有點好感，就會誤會是對方在表現「好感」或是「再次見面的約定」，但男人其實是不會對著有好感的女人說「我們有空一起喝一杯吧」的。如果男人非常想要跟對方再次見面時，他不會用「有空」、「有時間」、「下次」或是「年底前一次要約一次」這種模擬兩可或不知道下次是什麼時候的話，而是會切確的說「我們這個週末一起喝一杯吧」、「下星期四晚上妳有時間嗎？」所以當男人說話時，加入了「有空」、「下次」等用詞，妳就可以不用期待，也不用當真了。

異性交友狀況
男女之間有沒有純友誼？

Q：我男朋友有一個非常要好的女性朋友，他說他們認識超過十年，交情一直非常好。我們交往沒多久，我就知道她了，一開始非常的在意，但是那個女性朋友當時有男朋友，我想說他們再怎麼要好，應該也就是那樣，所以沒有再計較。但是那個女性朋友跟男朋友分手後，我就不只是在意了，他們的行為經常讓我完全無法理解。比如，週末的時候，一個有女朋友的人，為什麼會丟下女朋友，去和別的女生朋友吃飯、喝咖啡，甚至晚上一起喝酒？比如她一天到晚打電話給我男朋友，甚至明明知道我男朋友跟我在一起，還要打電話來，重點是我男朋友還會接電話。

我針對這些事生氣，跟男朋友說就算是朋友也應該要懂進退吧，結果他表示他們真的不是那種關係，是從很久以前就認識，就像同性朋友一樣，只是非常聊得來而已。有一次，我在男朋友的手機裡看到他以前的照片，在和我交往之前，他們兩個還一起去越南旅行過。我們已經交往超過一年了，他從未提過要跟我一起去海外旅行。我瞬間怒氣衝天，和男朋友大吵了

一架，請問有什麼辦法可以斷絕我男朋友和這位女生朋友的關係嗎？還有，我還要繼續忍受他們這樣嗎？男女之間真的有純友誼嗎？

A：沒有正確答案的事情，不能接受就盡早放下。

就算是和自己交往之前的事，但是男朋友有一個可以一起去海外旅行的女性朋友，的確不僅僅是會讓人在意，還會讓人心情很不好。從某個程度看來，現在就在身邊的女生朋友，絕對比很久以前的前女友更讓人不開心，更何況他們還強調兩人之間是友情。但就算身為女朋友，妳可能也沒有辦法斷絕他們的關係，我們是無法消滅有寄主的寄生蟲的。想要斷絕他們關係唯一的方法就是，讓妳的男朋友親自中斷聯絡。

男女之間有沒有純友誼沒有正確答案。有些人可能有，而有些人則不可能。雖然這個問題很有爭議，但是以「戀愛學的角度」來看，我們可以這麼說：「男女之間可能會有純友誼，但是它不是個穩定的關係。」在學校或公司、社團或是同好會等一般情況下，男女的確可能成為朋友關係，但是有突發狀況或是特殊因素時，其中一個人就非常有可能會越線。比如晚上一起喝酒、一起去國外旅行、或是有一方發生了一些變故得安慰對方時，在這種突發狀況下就非常有可能產生「變數」。這種「不穩定」的變數，就是一般大眾不承認男女之間會有純友誼的原因。

　　雖然妳因為在意那位女性朋友而對男朋友大發脾氣，很傷自己的自尊心，但妳還是必須誠實地表達自己的情緒。我不是要妳發完脾氣然後跟男朋友大吵一架，而是要妳告訴他，妳身為他的女朋友，這些事情帶給妳的感受是什麼。如果這樣妳男朋友還是無法理解這些問題，也不跟女性朋友保持距離的話，剩下的就是「妳自己的決定」了。

　　說實話，妳男朋友會為了女性朋友跟女朋友吵架，再加上他們兩個是可以單獨去海外旅行的交情，我覺得他不會輕易切斷他們之間的友情。而繼續談戀愛，妳也會一直在意這個問題，變成一個神經質的人，如果妳的觀念就是無法接受這樣的事情，還是儘早放下這段關係比較好。

Point ｜ 出局的男人

　　男朋友擁有可以單獨去海外旅行的女性朋友，以女朋友的立場來說的確會很不高興。但最大的問題不是那個女性朋友的存在，而是男朋友完全無法理解自己女朋友的感受。

- 跟一個沒有同理心的男人談戀愛時，只要發生問題，就很容易讓自己成為一個神經質的人。
- 男女之間可能有純友誼，但卻不是穩定的關係。平時

可以維持朋友關係，但有突發狀況時，其中一個人就很容易越界。

- 女朋友是無法趕走男朋友的女性好友的。當妳知道另一半有一個非常要好的異性朋友，與其為了維持自尊心而忍耐，等到忍不住的時候再爆發，不如在每次感到不開心時就誠實地說出自己的感受。

- 一般來說，女人認同男女有純友誼比例比較高，相反地，男人則較不認同男女有純友誼。女人不管對方的心意是什麼，只要把對方當成朋友，她有信心可以控制好自己；但是男人就算相信自己女朋友，一旦有「朋友」、「歐巴[7]」或「學長」接近自己的女朋友，他是絕對不會相信那個男人的。

- 一般來說，戀人會接受的異性朋友標準如下：1、在彼此交往之前就認識很久的人；2、因公事而見面；3、像聚會一樣好幾個人在一起。

- 女人有很多男性朋友的話，表示她性格很好。（意思是她個性開朗。）

- 男人有很多女生朋友的話，表示他個性很積極。（意思是他勇於冒險。）

7　韓文中哥哥的意思，韓國女生會稱呼比自己年紀大的男生為歐巴。

PART 3

關於性，妳不知道的是……

性慾

男朋友的性慾太強

Q：我和男友是職場情侶，已經交往一年了。我們的感情很好，也想過要結婚共度一生。男友和我各方面都很合得來，但是男友的性慾卻非常旺盛。雖然我也不是沒有需求，但男友有點太誇張了。光是次數太多這件事，就已經讓人有負擔了，而且他還不選時間跟地點，隨時隨地都想撲上來。除了公共廁所和辦公室，就連在大樓樓梯間都想要跟我發生親密關係，甚至在開車的時候也會吵著要我幫他解決。說實話，我覺得這些事是兩人之間很私密的事情，我只有在家裡能夠配合他，在外面我真的沒有辦法接受，那會讓我覺得自己是個很奇怪的女人。但我拒絕他的話，他的反應都很敏感，有時候還會生氣，這也讓我覺得很困擾。除了性慾太強以外，他真的是個不錯的對象，請問我該怎麼辦才好？

A：**要能夠分別性慾過強和性慾異常的差別。**

美國史上被譽為最有倫理道德的總統吉米・卡特在《花花公子》雜誌訪談中曾經坦承自己的內心：「我都是用充滿慾望

的眼光在看待女性。我在內心強姦他們很多次。」而根據《金賽報告》（Kinsey Reports）顯示，40% 的男人，每三十分鐘就會在腦中幻想一次「性關係」。包含我自己在內，大部分的男人們都認為自己的性慾很強。這表示，性慾很強這件事不是妳男朋友身上才會發生的。我覺得把所有的事情都歸咎於男友「性慾太強」的話，是一件非常不明智的行為。因為妳的問題的本質不在於男友不論時間地點都有撲向妳的性慾，其實男人解決性慾的方法和地點有很多種，問題是在於他完全不尊重妳，只自私地照著自己的想法行動。

　　成年的情侶只要在雙方同意下，任何地點都可以發生親密關係。但是，現在這個年代，每個地方都有設置監視器、每個人都有可能拿著手機到處直播，就算是言情片導演奉萬台也不會嘗試在大樓樓梯或公共廁所做這件事。最重要的是，妳已經強調自己無法在這些地方發生親密關係，但男朋友不但不尊重，反而大發脾氣，顯露出自己暴力的一面。

　　如果把男友的行為錯誤理解成「男朋友性慾太高」的話，妳的人生會變得很悲慘。說實話，這根本不是性慾太強，是男友的人品和性情太糟糕。而且，不是性慾太強讓男友變得人品不好，是原本人品就不好的男友剛好性慾也很旺盛罷了。交往一年的情侶除了在公共廁所、辦公室等密閉空間裡發生親密關係，連在大樓樓梯間都想強制性的發展親密關係，那下一個地點會是哪裡呢？我敢斷定妳男友只會越來越誇張，而他隱藏起

　　來的暴力行為也會漸漸展現出來。

　　說真的，我想對妳說，立刻跟現在的男友分手，去找一個人品正常又懂得尊重女性的人吧！要是無法馬上跟男友分手，還想要再跟他試試看的話，雖然時間點有點晚了，但從現在開始請果斷地告訴他，親密關係只能在密閉的兩人空間內進行。妳要先做好可能會分手的心理準備。另外，當男朋友不肯接受自己的提議，又顯現出暴力的一面的話，妳要考慮的就不只是「我該怎麼改變自己的男朋友」而是「我該怎麼安全地跟這個男人分手」？

> **Point│出局的男人**
>
> 　　美國印第安納大學的約翰・班克羅夫特博士曾經說：「挑起男人性慾的開關可能會故障，但不可能會是關著的。」大部分的男人性慾都很強，但單純的性慾很強，跟總是「強迫」對方，這兩件事情從本質上來看是完全不一樣的。

關係的界線
把親密的場面拍下來可以嗎？

Q：我和男朋友交往十一個月了。他各方面都很好，但總是想要自拍下我們親熱時的影片。我們是遠距離戀愛，大約一、兩週見一次面，他保證自己絕對不是那種男人，只是想要孤單的時候可以看一下影片，要我相信他，和他拍一次就好。我實在不知道該怎麼辦，已經拒絕他好幾次了，但是上次見面時，他直接把相機、腳架、甚至打光燈都帶來了。我真的可以相信他嗎？我該怎麼做？

A：**拍性愛影片這種事，絕對不贊成。**

熱戀的時候，我們都會有這種錯覺，「如果是跟他在一起，就算只能天天吃泡麵，我也會覺得這輩子很幸福。」所以有些情侶認為他們可以永遠幸福地在一起，就把愛情記錄烙印在自己的人生中，但我絕對不贊成這種做法。男女朋友熱戀時，在兩個人都同意的情況下，想做什麼事情都是你們的自由。但是不論是遠距離還是很孤單，不管理由是什麼，如果妳不想要賭上妳寶貴的人生，「拍影片」這種事，沒有什麼好猶豫的，一

定要拒絕。說實話，就是因為妳會猶豫，妳男朋友才會趁這個機會提出要求。雖然我不知道妳男朋友口中「那種男人」是什麼樣的男人，但是正常的男人是不會要求妳拍「那種影片」的。也就是說，硬是要妳跟他拍影片，還準備好相機、腳架跟打光燈的男朋友，他一定有些不正常的地方。講簡單一點，就是他有些危險。我不會勸妳分手，但是小心一點總是比較好，妳應該要多多注意對方。

　　我希望妳能記住，不想做的事情就要堅決地拒絕。難道男朋友是情愛電影的導演嗎？就是因為他看得出妳的猶豫不決，才會準備好相機、腳架和打光燈這些東西。如果妳堅決地拒絕他之後，他還是帶著裝備來找妳的話，那時候妳就應該要分手了。妳必須要讓他知道嚴重性，他才不會再帶裝備來，也不會覺得妳很好欺負。

Point｜出局的男人

雖然男人看著愛情動作片要幻想什麼是他的自由，但是讓不想拍影片的戀人成為性愛電影的女主角就是一件犯法的事情。

- 如果發現男朋友沒有經過妳的同意就拍了影片，在分手以後，為了要保證那些影片會被刪除，妳一定要「起訴」他。一時的心軟，可能會對妳的人生造成極大的影響。
- 有些男人可能不是一開始就有這種壞心眼，也有可能是覺得女朋友拒絕得很含糊，才產生了「說不定可以說服對方」的期待感。這時候應該要做好會分手的心理準備，堅定地拒絕，不要抱著「他應該不會這樣對我吧？」這種期待而賭上自己的人生。
- 就算兩個人可以相愛一輩子，但過程中也隨時有可能會發生其他變數。因此在兩個人都同意的情況下，想要做什麼都沒關係，但沒必要把那些樣子紀錄在相機裡。

＼ 戀愛ＴＩＰ ／
安全分手和做個好情人一樣重要

　　現代社會對發出分手宣言的前情人做出暴力事件的「分手犯罪」日益趨增，而「安全分手」則是代表，我們必須要在維護自身安危及自尊心的情況下提出分手。

　　雖然男人沒有經歷過，可能不太了解，但女人們在日常生活中卻會常常感受到危脅。尤其像現在這種壞消息傳千里的社會上，「安全分手」和「做個好情人」一樣地重要。

　　相愛的時候總是無條件想要相信對方，相信對方說過的每句話和每個行為，相信他對妳說過的承諾。幸福的時候，也會認為自己談的這場戀愛會走到結婚那一步，但男女關係就是，明明昨天還很開心，但是今天可能就會分手的不穩定關係。也就是說，昨天還在跟妳甜言蜜語的男人，可能今天就完全變成另一個人了。

　　為了能夠安全的分手，最好的方法就是，從一開始就不要跟爛男人交往。如果妳在跟男朋友交往的時候，腦中曾經出現過「安全分手」這個詞的話，這代表妳遇到了一個不太好的對象，讓妳本能地嗅到一些危險的氣息。雖然爛男人一開始可以將自己包裝得很好，但是劣根性還是會在自己都沒注意的地方蠢蠢欲動。

　　所以，我們要果斷地甩掉想拍下兩人親熱影片的男人，尤其是抓到對方偷偷拍影片，馬上出局。畢竟分手後還不懷好意地騷擾女人的男人，最常使用的就是「性愛影片」（數位性犯罪）。

　　此外，戀愛的過程中，如果看到對方暴力的一面，也是一次讓他出局吧。爛男人們不會從一開始就做出糟糕的行為，他們會一步一步慢慢來，並觀察對方的反應。如果對方不排斥的話就再進一步，一點一滴地讓對方慢慢習慣，最後才會顯露出本性。交往的時候，如果發現對方會要求一些奇怪的身體接觸，或是有暴力傾向時，那妳就要在你們關係更進一步之前盡快喊停。

　　如果爛男人認為妳現在周遭只有他一個男性的話，他就會趁虛而入。雖然他們外表看起來好像天不怕地不怕，但是其實精於算計，只會招惹他們認為可以惹的人。也就是說，如果妳顯露害怕，那他們就會使出更強烈的手段。因此，假如和男朋友有這些問題才分手的話，一定要告訴身邊的人，並採取強力的措施。首先，妳要先告訴家人以及朋友們，當身邊的人都知道事情以後，妳再視當時情況，有需要時就立刻報警。

　　其中最糟糕的作法就是試著說服男朋友：「你這樣做，對我們都沒有好處，也會影響你的未來。」用理性的態度是不可能說服一個精神有問題的人，如果他能冷靜地思考的話，也就不會發生這些事情了。

　　有很多女人會因為兩人曾經相愛過，所以最後也想要和平分手，但妳必須要承認，男女其實在分手後也很難維持良好的關係。

分手是不可能像歌詞寫得那麼唯美的。因此，分手的時候還是果斷一點比較好，請別用「你不要再跟我這種人在一起了，去找個更好的人。」、「我們暫時分開一段時間，讓彼此好好想想吧！」這些含糊不清的話，將自己塑造成一個好人，妳應該要堅決地告訴對方妳要分手，這段關係已經結束了。

　　不管是哪方面的專家，都沒辦法告訴妳一個能 100% 安全地和精神不正常的人分手的方法。我們只能找出最好的預防方法，那就是不要太過於依賴男人，要提升自己的自尊心；盡量避開爛男人；如果發現自己不小心遇到爛男人時，能快狠準地斬斷這段感情，這些才是能夠安全分手、保護自己的方法。

性生活不合

性方面不協調的兩人，
適合繼續在一起嗎？

Q：男朋友非常不懂要怎麼進行親密關係。我知道他是個很乖的人，一直以來都專注於學業，所以沒有談過很多次戀愛。但是年紀都快要 30 歲了，他性方面生疏的程度讓我覺得「到底要我教到哪個地步？」甚至接吻的時候，因為不知道手要放在哪裡，所以他是雙手抱著胸跟我接吻的。雖然他很體貼我是一件好事，但我們第一次去旅行時，也是我先主動開始身體接觸的。如果我為了配合他，假裝有點興奮的話，他反而會突然高潮，然後就結束那次親密。其實他是個條件很好的男人，腳踏實地，各方面都很好，但是性生活實在太不合了。情侶之間這部分不是非常重要嗎？我因此在考慮要不要跟他分手，是我太開放了嗎？

A：**性生活很重要。**
愛情就像是汽車，要有心靈上的愛情當前輪，以及肉體上的愛情當後輪，才能夠順利往前。這兩種輪子，就算只有其中

一種的大小不合，車子也會顛簸地很厲害，所以我完全能了解妳為什麼會這麼煩惱。但是，我們先從別的角度來看一下事情吧！

　　年紀快要 30 歲，表示他還沒有滿 30，這樣的男人如果條件很好的話，應該就是家世很好或是能力很好的意思吧！他在接吻時，經驗不足到會雙手抱胸，這麼替妳著想的話，其實不是缺點，應該要看做一項優點。如果年紀輕輕、條件很好的男人，然後非常了解女人的心，對於親密關係方面也非常熟練，那你們真的就會很幸福嗎？妳是不是會焦慮，這麼完美的男人，會不會因為無法從我身上獲得滿足感而離開自己？妳是不是會擔心，其他女人會一直來勾引自己的男朋友呢？「戀愛界」裡也跟生態界一樣，存在著食物鏈，條件好、又有能力的男人會展現他的「價值」。如果男朋友的條件這麼好，卻一直專注學業，而沒有很多經驗，我反而覺得這是一個意外驚喜。

　　對男人來說，身體親密接觸是用「大腦」控制，而不是用「性器官」控制。他必須要不膽怯，大腦才能自在地變得興奮，全身的血液就會集中到性器官，然後再勃起。所以說，男人的親密關係建立於他的自信心，他得認為自己很厲害，得到自信以後，才能表現更好。雖然他現在沒辦法馬上讓妳滿意，但只要多稱讚他「好棒」，我相信他會一天天進步的。

　　要讓不懂得體貼的男人學著體貼他人，很困難；但懂得體貼的男人，會為了配合對方而學習對方所需。尤其身體的親密

接觸就是男人們最有興趣，也會想要積極學習的事情之一。妳沒辦法將條件不好的男人變得條件很好，也無法將個性不好的男人變得個性很好。但相反地，如果男人性器官沒有問題、身體沒有重大缺陷、也沒有不同的性別認同，只要經過一些努力，他就可以提升技術性或是其他層面。性生活很重要沒有錯，但我希望妳能夠清楚地判斷哪些部分是更重要的。

在這世界上，條件很完美，人品很好，連進行親密關係都很厲害的男人，就只有《雷格的五十道陰影》中的男主角而已。

> **Point** ｜ 出局的男人
>
> 　　人們經常掛在嘴邊的「性生活」其實非常重要。但是，只要對方身體上沒有任何問題、其他外部條件都很好，僅是因為經驗不足而技巧不好的話，這是有可能改善的。
>
> - 男人會充滿熱情地想要快速學會的事情之一就是身體親密接觸。要將一個做事很過分的人變成中規中矩的人是一件很困難的事；但是要將一個有心、只是經驗不足的人變得技巧純熟，雖然需要花一些金錢跟時間，卻是可以做到的。找出對策，試著改善對方，之後還是覺得很不滿意的話，再來考慮要不要分手也不算太晚。
> - 學歷很好、能力也很好，但是談戀愛經驗不足的純情男人，以正面的角度來看，他就像鑽石的原石。此外，男人的體力跟健康，和他的經濟能力成正比，因為條件好的男人，大部分都喜歡運動，也會吃得比較豐盛。

＼戀愛ＴＩＰ／
關於性關係的科學常識

第一，一個人一生中會發生幾次性關係呢？

韓國科學技術院鄭載勝教授的發言指出，雖然「性關係」的次數依照每個國家、民族及文化不同會有些微差異，但根據統計顯示，平均每個人一生中會有五位性伴侶，並發生兩千五百八十次性關係。我們假設每次性關係包含親吻及前戲的時間，大約需要一小時，那麼一個人一生中會有十五萬四千八百分鐘是和另一半進行肉體上的情感交流。

第二，性關係也會有年齡限制嗎？

假設一天發生一次的話，就是七年又二十五天。這種頻率的性關係到底有沒有年齡限制呢？一般來說，如果撇開傳宗接代，只是單就肉體的關係來評斷性關係的話，女性的性關係壽命會比男性長一些。男性隨著身體的健康及各方面條件來看，性關係的確有可能存在著「有效期限」的。

第三，發生性關係時，男人比較疲累，還是女人比較疲累？

雖然根據不同的體位，會有一些差異，但就一般的情況來看，男性的運動量比較大，而女性消耗的卡路里卻比較多。讓女性消耗比較多卡路里的原因，是體內賀爾蒙不同的關係，所以發生性

關係時，女性的副交感神經供給的能量，會遠遠超過男性。因此，乍看之下男性做的動作比較多，好像比較疲累，但事實上女性也消耗很多。

第四，男人肚子餓時，性慾會更強。

　　人類腦部中掌管賀爾蒙分泌的部分是下視丘，其中包含了食慾中樞和性慾中樞。這兩個中樞神經的距離約為 1.5mm，因為兩者的距離太接近，因此兩條中樞神經會互相影響。男人腦中距離性慾中樞最接近的神經是食慾中樞內的「攝食中樞」，只要一有「肚子餓」的感覺，攝食中樞就會接收到指令。簡單的說就是，男人感覺到「肚子餓」時，攝食中樞就會收到指令，攝食中樞收到指令之後，也會間接影響鄰近它的性慾中樞，導致「性慾」逐漸升高。也就是說，男人肚子餓的時候就會變成「禽獸」（？）的意思。女性則是跟男性完全相反，女性要有飽足感的時候才會感到性慾上升。以女人來說，因為距離女人性慾中樞最近的是飽食中樞，因此女人要有飽足感時，飽足中樞才會接收到指令，並影響性慾中樞。雖然這些腦科學知識沒有普及化，但是令人驚奇的是，男人們跟女朋友約會時，總是本能地會想要先餵食對方。

第五，為什麼發生性關係之後男人總是會睡著？

很多人都知道，男人們在熱情的甜言蜜語下抵達高潮了之後，馬上就會睡著這件事。為什麼性關係結束後，女性會分泌催產素，對伴侶產生依依不捨的情緒，而男性卻總會被疲倦召喚呢？馬克‧雷納和比利‧戈柏的著作《挑戰 Google 的囧問題》（Why Do Men Fall Asleep After Sex？）中提出以下理論。在性關係的過程中，情緒興奮時所用掉的體能，會消耗掉肌肉中負責製造能量的肝醣，這時肌肉較多的男性就會比女性承受更大的疲累感。另外，高潮後產生的化學激素泌乳素、γ‐胺基丁酸和腦內啡等物質，是造成男人進入睡眠的原因。但是就算理解以上這些原理，現實上還是會讓人覺得男人不夠體貼。

高潮

每次都要假裝，演得好有壓力……

Q：我和男朋友已經交往一年兩個月了。我知道他很愛我、也很疼我，但是我們發生親密關係到現在，我從來沒有體驗過高潮。我朋友們都說常常體驗到，我也很想體驗看看，但就如同我說的，我一次都沒有過。為了怕男朋友失望，我每次都是用演的，但我現在覺得快演不下去了。要是男朋友發現我是演的，會不會很失望？如果我們因此關係破裂怎麼辦？我們真的不適合嗎？我一直在胡思亂想。我是不是應該和男朋友坦白呢？

A：**連高潮都要假裝的話，是過度體貼了。**

說真的，雖然男人們會覺得自己射精很重要，但是讓伴侶滿足也能獲得成就感。這也是為什麼問對方「妳舒服嗎？」的男人比表達「我很舒服」的男人還多的原因。可能是因為這個原因，我在諮詢的時候發現，為了讓技術不好的男人覺得自己「很厲害」，而假裝高潮的女性出乎意料地非常多。

就像電影《當哈利碰上莎莉》中假裝「高潮」的莎莉一樣，

女人下定決心要假裝時，男人是不太可能被發現的。證據就是你們已經交往了一年兩個月，都還沒有出現類似的問題，所以妳其實不用擔心會被發現。

不過，如果「自慰」能夠讓妳感到高潮的話，表示不是妳的感受有問題，只是方法不對，這種時候可以比較樂觀的看待這件事。其實情侶在發生親密關係時，不是非要達到高潮不可。如果妳周邊有「每次發生關係都 100% 會高潮的女人」，那她應該是騙人的。發生親密關係時也不需要每次都像第一次見面一樣那麼興奮，就算沒有每次都感受到高潮，也不代表雙方有什麼不足的地方。

所以說，我們只能確定一件事，高潮不僅僅是男人的禮物，對妳來說也是一種禮物。如果妳為了男朋友假裝高潮，反而讓自己壓力很大，無法從中感受到愉悅的話，那就是種過度的體貼了。

為了讓你們的關係可以發展地更好，我贊成妳跟男朋友坦承現在的狀況。自己的身體自己最了解，就算同為女人，每個人感受也都會不一樣。氣氛好的時候，妳可以告訴男朋友，要怎麼做才能讓妳達到高潮，這樣的話，疼愛妳的男朋友也會很開心的。另外，妳要先甩開假裝高潮帶給妳的壓力，這樣妳自己才能真正地愉悅。

如果雙方互相努力嘗試過了，卻還是沒有辦法改善假裝高潮的情形，那時候就可以考慮要不要分手了。「性生活不協調」

這句話是這時候才該出現的。

　　畢竟，我們需要肉體上的愛情當做後盾，才能夠讓心靈上的愛情更堅固，所以這兩者之間的平衡也非常重要。如果這兩者之中，有一項不協調，讓妳想要分手的話，那也是妳的選擇。

Point ｜ 出局的男人

　　對男人來說，讓伴侶感到愉悅，比自己感到愉悅更讓人有成就感。

- 大部分的男人，和伴侶發生親密關係之後，會很好奇對方的感受。
- 根據 2009 年某間泌尿科的報告指出，韓國男人在興奮時，陰莖平均長度約為12 公分、粗細直徑則為 3.5~4 公分。這個數據可能會讓人有點失望，但已經是比較好看的數據了。其他機關的調查結果是 11.2 公分。
- 男人在乎的是大小和持久的時間。男人們都認為「大」才是最棒的，甚至還會去動手術，但是以醫學的角度來看，未滿 4 公分的情況才會建議動手術。其實在性生活方面，能夠讓女人興奮的地方，通常不會在深處，而是在一般平凡的男人們就可以輕易抵達的地方，所以就算不是「非常大」也不會有什麼影響。
- 女人們大部分是不滿意男人的「不體貼」，而不是性器官大小，但是男人們發現自己無法滿足伴侶時，就會把責任推到大小上面。荷蘭的性醫學專家浩斯特戈博士指出，如果能做到二十分鐘前戲，再加上十五分鐘的交融，大約 95% 的女性都可以達到高潮。

性病
被男朋友傳染披衣菌⋯⋯

Q：我和一個在網路上認識的男人交往，並發生了親密關係。有一次快到排卵日，覺得身體有點不舒服，就去婦產科檢查。結果過了幾天，我接到通知說我好像得到「披衣菌[8]感染」這種性病，應該是被現在的男朋友感染的。我該怎麼辦？

A：**保險套不僅僅是為了避孕，也可以預防性病。**

披衣菌是一種比淋病常見，但也比較危險的性病。它和淋病不同之處是，大部分沒有顯著的症狀，所以就更危險了。以女性來說，要是沒有及早接受治療的話，可能會感染到輸卵管，如果置之不理，甚至可能造成不孕。尤其是，生產的時候，媽媽有披衣菌症狀的話，對新生兒也會有致命的影響。它的潛伏期通常為七到十四天左右，妳有提早發現真的是萬幸。

根據國外的統計顯示，男女得到披衣菌感染症的比例大約是 1：10。男人也是一樣，如果不即時接受治療的話，可能會

8　披衣菌感染（chlamydia infection）是由砂眼披衣菌所引起的一種性傳染病。

造成不孕。所以妳一定要告訴男朋友這件事，並接受抗生素治療，在醫生判斷痊癒之前，最好不要發生性行為。

妳對男朋友的信賴已經完全瓦解，現在應該處於身心俱疲的狀態，我就不再嘮叨了。最後提醒妳一句，保險套不僅僅是為了避孕，也可以預防這種情形發生，為了保護自己，所以一定要使用保險套。還有不要輕易相信網路上認識的男人。我相信妳不會再犯這種錯誤，祝妳早日恢復健康。

Point ｜出局的男人

　　隨意就和女人約會，又隨意進行身體接觸的男人，通常同時和很多名女人發生關係的機率非常高。和這種男人發生關係時，一定要做好避孕措施。

- 從醫學的角度來看，就算處於同樣的性生活環境下，女人也比男人更脆弱。這是因為女性的生殖系統比男人複雜，從構造上看來比男人容易感染。
- 以淋病為例，一個男人和帶有淋病菌的女人在沒有戴保險套的情況下發生關係時，他感染淋病的機率大約是 20% 左右。相反地，女人和帶有淋病菌的男人發生關係時，被傳染的機率約 80%，是男人的四倍。
- 男性更容易發現自己患有性病，而女性則由於生理構

造比較難發現，因此常常錯過早期治療，會受到比較多折磨。

- 如果男人知道自己有傳染性性病，卻還是跟女朋友發生關係的話，在韓國刑法上是符合「傷害罪」條法，可處七年以下有期徒刑，或1千萬韓圜（約新台幣23萬元）以下罰金。雖然他沒有直接動手，但也損壞了對方身體的機能性。如果男人知道自己患有疾病，但卻辯解說不知道這是傳染病，法律上責任還是歸處於男方。就算不是故意的，造成對方損傷，理所當然必須要負起責任。這類在刑法上則是屬於過失傷害罪，在疏忽之下，讓女朋友感染性病的情形，可處500萬韓圜（約新台幣11萬元）以下的罰金。

- 結論就是，不管是在知道自己得了性病還傳染給伴侶，還是在不知道的情況下傳染給伴侶，從法律刑責上來看，都脫不了關係。因此，我們最好和伴侶在安全的情況下，享受性生活。

避孕

可以改變拒絕避孕的男朋友嗎？

Q：我有一個交往六個月左右的男朋友。我們各方面都很契合，感情也非常好，只有一點互相意見不合，那就是「對性方面的知識」，這部分我們的觀念完全不一樣。男朋友認為「精子離開男人的身體，遇到空氣後就會死亡，不用太擔心，我會好好控制」，所以不肯使用保險套。我覺得有點擔心，就問男朋友：「如果懷孕的話要怎麼辦？」結果男朋友回說：「妳不用擔心啦！不會懷孕，如果不小心懷孕的話，我會負責的。」我非常討厭現在這種每個月都提心吊膽地擔心驗孕棒出現兩條線的生活，該怎麼做才能改變男朋友呢？

A：這種男人有什麼好改變的？

我會好好控制的，妳不用擔心？精子離開身體後就會死亡所以沒關係？還有，如果懷孕的話會負責？以我十六年來戀愛諮商的經驗，把自己射精看得比女朋友焦慮心情還重要的自私男人，是不可能會「負責」的。真的有心負責及正直的男人們根本不會讓這種事發生，也不會輕易說出那些話，因為他們知

道「懷孕」真正的意思。

　　我有一個要好的朋友和我姊姊交往了。他非常我喜歡我姊，所以一直很想要進展親密關係，終於有一天他迎來一起過夜的機會，他邀請我姊去他家，還準備了紅酒、蛋糕跟爵士樂。氣氛漸漸變得火熱，互相擁吻到了最後關鍵的瞬間，他突然驚覺自己忘記準備保險套。雖然氣氛已經達到了最高潮的瞬間，但姊姊還是堅決地說了「不」，拒絕和他發生親密關係。而他彷彿是犯罪心理分析師一般，拼命地說服姊姊，但最後還是失敗了。偏偏那天又是一個下暴雨的日子，最後他還是冒著大雨來回走了十六條街，才買回避孕用品。妳以為他會因為冒著大雨去買保險套而怪罪姊姊，或是對她發脾氣嗎？不，他反而更尊重愛護自己身體的姊姊，變得更愛她了。

　　如果男朋友要賴，纏著妳不肯做避孕措施的話，妳就應該要拒絕最後一層親密關係。自己要先愛惜自己，對方才會愛惜妳。可惜的是，看妳男朋友的行為，妳們應該已經進行很多次親密關係了，現在拒絕的話他有可能會發脾氣。妳問我，如果妳拒絕他，他要跟妳分手怎麼辦？我說真的，和那種人分手是妳的福氣。希望妳能趕快結束這段關係，另外找一個尊重妳的男人。我敢保證，早一點分手，會讓妳的人生更好。

Point ｜出局的男人

　　就連短暫的戀愛期間都不懂得尊重對方的男人，在漫長的結婚生活中，更是不可能尊重對方。

　　儘早拋棄連最基本的體貼都不懂的男人，妳的人生才會變得更幸福。

- 沒經過對方同意，就擅自決定不做避孕措施的男人，是一定要出局的。這不只是不貼心，而且還是個沒有責任心又有暴力傾向的男人。嘴巴上說「懷孕的話自己會負責」，但是卻不做避孕措施的男人也要出局。真的有責任心的人，是不會把懷孕這個問題看得如此隨便的。
- 嫌用保險套麻煩，或是說出會沒感覺這種藉口，強迫女人用別的方式避孕的這種男人也可以出局了。從小事情就可以看出一個人的性格。
- 「如果因為避孕的問題而拒絕親密關係，讓男朋友覺得厭煩甚至要分手的話怎麼辦？」說直白一點，如果因為這樣就要跟妳分手的話，那這個男人的目的根本不是想跟妳談戀愛，他只是想要隨心所欲的找人睡而已。如果妳想談正常的戀愛，可以去找一個目的正常的男人。
- 親密關係的三個重點是：「這是我想要的親密關係

嗎？」、「他是值得信賴的人嗎？」、「這是安全（有
避孕）的親密關係嗎？」只要是成年人，以上三點皆
是的話，是否發生親密關係就是自己的決定。男人會
尊重愛惜自己身體的女人。要先珍惜自己的身體，對
方才不會隨意對待妳的身體。

男人們都喜歡可以隨便對待的女人，
但他們愛上的卻是不能隨便對待的女人。

未婚懷孕

對方說，先生孩子吧！

Q：我男朋友經常感到很沒安全感，因為我們是同年紀的情侶，但是我先進了一間不錯的公司上班，而男朋友卻還沒有找到工作，偏偏我們公司裡男性職員又比較多，所以他常常感到很焦慮。他本來就比較沒什麼自信，因為害怕跟我分開，所以變得更沒安全感了。不管我再怎麼樣跟他說明，叫他不要擔心，他還是一直很害怕我們會分手。甚至還說，我們生個孩子吧。他說自己會儘快找到工作，也會徵求我父母親的同意，所以跟我說我們先懷孕，然後趕快結婚吧。他說這樣我們才不會分開，他才能夠放寬心。男朋友某些方面還蠻單純的，我知道他很愛我，我也很愛他，但我覺得先懷孕好像不太對，問了其他朋友，大家都說男朋友是不是瘋了。除了未婚懷孕，有沒有其他的方法可以解決男朋友的不安全感呢？

A：**不安是正常的，但是把孩子當成工具是不正常的。**

女朋友先進入不錯的公司，並和其他條件不差的男人們一起相互配合工作的話，男人的確有可能會焦慮。到這裡為止都

很正常。但能力不足的男朋友，為了怕妳對他失望、離開他，而想讓妳先懷孕，這已經不是自信心太低，而是危險的執著了。陷入愛情不是罪，但是無法承擔的愛情卻有可能轉變為暴力或罪行。這種男人不是單純，而是自私。

就算是經濟層面、社會層面和心理層面都準備好的狀態下才結婚生子的夫妻，在孩子出生後，育兒對他們來說，也不是一件容易的事。更何況是在還沒有找到工作的情況下，提議先生個孩子，結婚什麼的等之後再說。當男人產生了這種想法，說實話我認為跟這樣的伴侶在一起，未來能幸福的機率很低。

最重要的是妳的人生。成為父母不是僅僅是生下孩子而已，在剩餘的人生中也需要做出一些犧牲。以女人的立場來看，就如同「放棄」這個詞，她是會失去一些原有的東西的。我希望妳男朋友所謂的「因為害怕分手，所以先懷個孩子吧」只是開玩笑，如果他是真心的，妳得領悟一個事實：他是一個以守護愛情當作藉口，其實卻連自己的孩子都要拿來當工具的自私男人。

Point｜出局的男人

　　為了把女朋友綁在自己身邊，利用懷孕（孩子）當藉口的男人是非常危險的。

- 為了讓女朋友不要離開自己，而有「讓她懷孕」念頭的男人，不是單純，而是有暴力傾向。
- 《復仇者聯盟：終局之戰》裡的薩諾斯或是《蝙蝠俠》裡的小丑，他們也都是看似很單純的人吧？神奇的是，人類越接近惡魔，越容易掉入他們看似單純的陷阱。這種人並不是單純，他們是為了達到自己的目標，可以做出任何事情的人。
- 成為父母之後，男人肩上的擔子會加重，女人生活的重心則是會改變。相愛的情侶就算在準備好的情況下才成為父母，也不見得能好好承擔這個責任，更何況是還沒有準備好的情侶，更是無法承擔。
- 就像電影《蜘蛛人》中的台詞「能力越強，責任越大（With great power comes great responsibility）」一樣，從伴侶的行為能看出他的責任感。如果說結婚會帶來「巨大」的責任感，那麼成為父母就是會帶來「無限」的責任感。懷孕就是，你們必須要覺悟人生將會有所犧牲。

PART 4

戀愛了，之後呢？

前男友（上）

分手後又跟我聯絡的男人

Q：我和男友是朋友介紹認識的，都已經 30 歲以上，也交往一年四個月了。在我們分手前沒多久，他說了一些傷人的話：「雖然妳是一個不錯的女人，但我沒辦法和妳結婚。」我問他：「你是不想和我結婚？還是不想結婚？」結果他說他本來就是「不婚主義」也不想結婚，還說和我結婚的話感覺會很不幸福。

但交往期間我從來沒聽他說過自己是不婚主義者。因此我問他，為什麼一開始不說明自己是不婚主義者，他竟然表示，一開始太喜歡我了，以為自己可以為了我改變，但是後來卻發現自己無法改變。

我當初有多相信他、多喜歡他，那時就有多受傷，我發了一頓很大的脾氣。但男朋友反而一點都沒有生氣，還很冷靜地跟我提分手。雖然我試著要挽回他，但他說他真的一點都不想跟我結婚，既然我想要快點結婚，就另外找個好男人嫁了吧！所以，我們在我生日的前一個禮拜分手了，當時真的覺得很痛苦，幸好有朋友們陪在我身邊，我才漸漸放下他。

結果過了一個月後，有一天他突然傳訊息跟我說「我好想妳。」他是改變心意了嗎？

A：假設妳覺得前男友是改變心意才回來找妳的話，這個誤會就大了。

如果妳心理有點期待，那很抱歉，那個人沒有改變。戀愛本來就是，今天熱情如火，明天馬上分手。更何況，連在戀愛的時候他都能說出「我沒辦法跟妳結婚。跟妳結婚的話我應該會很不幸福。」這種話，表示他心裡覺得妳很好欺負。說了傷人的話，然後就轉身離開的男人，沒有回頭苦苦哀求妳，僅僅是傳一封訊息說「我好想妳」，就讓妳動搖了。我真替妳感到不值。

現在我們只能知道確定兩件事。第一是，那個理直氣壯丟出「炸彈宣言」的男人，那個妳深愛過的男人，在其他女人眼裡其實沒有什麼魅力。在戀愛中，如果男人從女人那邊得到很多關愛，他會瞬間覺得自己很了不起，而陷入錯覺和驕傲感中。但他們開始不尊重對方，跟對方分手後，便會突然感到一陣「孤單的寒風」，覺得無所適從，這時候大部分的男人都會懷念起以前的女朋友。

第二，前男友會依照妳現在的反應，做出不同的決定。如果妳不回訊息，或是回「不要再跟我聯絡了，祝你找到一個好女人」的話，他應該就會離開妳的視線。如果妳回他「最近過

得好嗎？」之類的訊息，那他一定會約妳見面。然後邊吃飯邊喝一杯，再說句「對不起，我以後不會這樣了」，接著牽起妳的手。妳就會再次上當，跟他繼續交往。

　　繼續交往之後，短則一個月，長則三個月內，妳的男朋友會非常尊重妳。妳看到這樣的他，也許會認為他真的改變了，但最後，妳還是會聽到他對妳說：「我說過我不想跟妳結婚啊！妳明明知道了還是選擇我復合，現在為什麼又要這樣？」

Point｜出局的男人

　　根據調查顯示，90.7% 的女性曾經接過前男友的訊息或電話。如果對方不是確定想要挽回妳，只是閒聊的訊息，那麼就一點意義都沒有。

- 問題不在於男人是不是不婚主義。交往和分手本來就是很正常的事情，問題是在於他對妳說了「我不想和妳結婚。」、「我和妳結婚的話應該會很不幸福。」這種話。妳可以愛他愛得死去活來，但是當男人知道女人愛自己愛得死去活來的那一刻開始，就會變了。

- 戀愛是推理小說。有誰看推理小說會從後面開始嗎？人又不是為了結婚才談戀愛，談戀愛的目的也不是結婚。雖然如此，妳也沒必要跟一個對妳說「我無法和妳結婚」的男人交往。就連想要馬上結婚、每件事情都會對妳負責的男人都可能突然變調。那麼對妳說「我只是跟妳玩玩，我不想負責」的男人，你們之間更不會有未來的。就像當妳知道推理小說的犯人是誰之後，就不需要堅持看到最後了，反而應該去讀一讀其他小說。沒有責任感的男人是不會改變的。

- 男人對於不需要負任何責任就可以交往的女人，是不會有任何責任感的。

＼ 戀愛 **T I P** ／

如果真的想復合的話，提高復合機率的三種策略

　　我最常遇到的諮商問題就是「分手」和「復合」。這兩個問題通常會像組合一樣一起出現，但其實我很少處理關於復合的諮商。第一個原因是，戀愛顧問又不是魔法師，我沒有辦法控制提出分手那一方的心理，因為不能 100% 負責任，所以我就不太進行這類諮商。第二個原因是，大多數分手後想要復合的那些人，在來找我之前，他們都是卑微地纏著對方，卻還是被分手，然後又一直跟對方聯絡。對方已經不懂得尊重他們，並走到分手這一步，現在想要再度獲得尊重，對我來說也是一件很難解的問題。所以，對於抱著最後一絲希望來找我的那些人，我能給的建議如下。

　　第一階段，分手後妳最該做的事情就是「讓自己變得更幸福快樂」。

　　這點非常重要。很多女人都在分手之後，把 kakao talk 的個人簡介改成離別情歌或是悲傷的照片，或是在 SNS 上宣傳「我很痛苦」，覺得如果讓對方看到自己這麼痛苦又難過的樣子，他會不會回頭呢？請好好思考一下，如果前男友會因為心疼妳痛苦的樣子而回頭找妳的話，他一開始就不會傷害妳、跟妳分手。

　　分手之後，如果想要和那個人復合的話，妳就要把「讓自己

變得幸福快樂」這件事當成人生中最重要的目標。大部分的男人在分手後，都會回頭看一下前女友的 SNS 或 kakao talk 簡介。他不是因為要想復合，而是像小偷會重回犯罪現場一樣，他會很好奇曾經非常喜歡自己的那個女人，在跟自己分手後過得如何？這時候如果發現她因為忘不了自己而很痛苦的話，說實話心情會很好。雖然看著別人痛苦，自己卻很快樂的行為有點像變態，分手時明明也跟對方說：「沒有我妳也要幸福，去找一個好男人，好好地生活吧！」但當他知道那個女人依然對自己念念不忘時，心情還是會很不錯。相反地，明明很喜歡自己的女人，分手後卻像什麼事都沒發生一樣，依然幸福快樂地過生活，那種心情該怎麼說呢？應該是有點不是滋味。

第二階段，不要看對方的 SNS。
　　這和單戀時的情況一樣。妳必須眼不見為淨。很矛盾的是，想要和已經分手的對象復合的話，妳要先離他遠一點。查看對方的 SNS 和 kakao talk 的簡介對復合一點幫助都沒有。還有，分手以後，如果獨處的時間變多，就會變得常常胡思亂想，如果想到過去美好的時光就會變得更痛苦，這樣下去就會想要跟對方聯絡並糾纏對方。分手後感到痛苦時，最好的解藥就是朋友，妳可以

和好朋友聊天，大肆批評前男友。如果身邊有值得信賴，又會陪妳一起開罵的朋友，妳就會比較容易克服失戀的情緒。

　　如果分手後感到太傷心、太痛苦的話，可以服用一些止痛藥。根據心理學家奈森・德沃爾（C, Nathan Dewall）所進行的實驗顯示，服用止痛藥可以讓管理情緒的「前額葉皮質」反應變遲緩。止痛藥不僅能減緩生理上的疼痛，也能減少心靈層面的痛苦。雖然吃藥對身體沒有好處，但是太痛苦時，服用止痛藥讓自己好好睡一覺，對健康並沒有壞處。

第三階段，參加一對一聯誼，約會對妳很有幫助。

　　這是最重要的部分。向妳提出分手的前男友條件很好，除了妳以外還有很多的女人在等他，不管用什麼策略都沒有效果。但是這通常只是妳的個人想法，在他人眼中，他只是一名很普通的男人。當身邊有女朋友時，他感受不到妳的重要性，真的分手後，他才會發現輕鬆是暫時的，他會想起妳。尤其他不是一個可以輕易找到新對象的高手，那大部分的男人都是同一種德性。

　　妳以一個和女朋友分手的男人立場來想一想。自己先提了分手，若無其事地過了一個星期，雖然心裡有點期待，也覺得對方會跟自己聯絡，但卻沒有想要跟對方重新開始。他會認為對方一

定在等自己的電話，接著又過了一個星期，他開始覺得有點奇怪了，這時候對方差不多要傳訊息給自己了，但是卻沒有消息。然後他會抱著有點擔心她到底過得好不好的心情，點開了對方的 IG 之類的，結果發現對方過得非常好。明明她之前表現的像是沒有我就活不下去一樣，現在卻看到她過得很好，雖然心裡有點不是滋味，但也會覺得有點慶幸。沒想到看著前女友的 IG，突然發現，喔！這是什麼情況，她旁邊竟然有別的男人。雖然自己希望她能過得幸福快樂，但卻又覺得很在意。他也不知不覺地開始查看前女友的 kakao talk 簡介和 IG 的發文。妳的前男友如果外表不是長得像演員朴寶劍，也沒有年薪上億韓圜，財產也不如包租公的話，他們大部分不會脫離這個劇本。

這時候妳的策略可以停止了，只要耐心等待就好。當妳前男友發現妳在和其他男人曖昧時，他就會重新開始思考妳的存在。男人不會珍惜唾手可得的女人。他只有在那個女人脫離自己的掌控，明白自己現在已經沒辦法隨心所欲地接近她，才會覺得珍惜。當他領悟到這點，他就會主動跟妳聯絡。如果他知道妳和其他男人約會，卻還是沒有跟妳聯絡，就表示他真的已經不喜歡妳了。雖然這是為了刺激前男友的策略，但如果和妳約會的男人是個很不錯的人，妳也對他有點意思的話，那也是一件不錯的事啊。

前男友（下）
準備結婚時，前男友卻出現了

　　Q：我是三個月後準備結婚的準新娘。過去的戀愛史就先不談了，但是我前一任男友最近突然跟我聯絡，是因為在 SNS 上看到了我的婚紗照。我曾經非常喜歡前男友，但是他拋棄了我，和別的女人在一起。說實話，我當初是為了忘掉前男友，才跟現在的男朋友交往的，雖然我對現任男友的感情，不像對前男友那樣深刻，但現任男友是一個條件很好的人，我們的感情也很好，所以交往七個月就決定要邁入婚姻。我們雙方家長已經見過面，婚紗照也拍好，婚宴場所也都訂好了。

　　在我想要挽回時，前男友去找別的女人，但現在卻回頭跟我道歉，說全部都是他的錯，還說：「我很希望妳幸福，但如果妳願意再給我一次機會，我一定會好好對待妳。」我心裡非常地生氣，也很怨恨，所以叫他不要再跟我聯絡了，但其實我還是很想他。我忽然覺得，現在正在準備的這場婚禮，也許只是因為想結婚才結婚的。我是不是很愚蠢，也很過分？

A：很愚蠢，也非常過分。

妳對現在的男朋友來說非常過分，對前男友來說真的很愚蠢。女人們為什麼就這麼忘不掉對自己不好的壞男人呢？我怎麼看都覺得，現在在妳身邊的那個男人更體貼、條件更好。我想對妳說的是：「妳就穿著禮服，朝著該走的路繼續前進。」前男友如果得了不治之症，不得已跟妳分手，現在病治好了才回來找妳的話，也許還可以考慮？但是拋棄愛著自己的女人，投向其他女人的懷抱，又突然回頭說「我很希望妳幸福，但希望妳再給我一次機會」？用這種自私的話試圖去動搖別人的心情，跟這樣的男人再次糾纏不清，很明顯只會讓自己再被拋棄一次。

我再退讓一百步，就算前男友回來跪著求妳，拼命糾纏妳，我應該都會盡力阻止，更何況他是經由 SNS，對一個準備結婚的女人說「如果妳回頭，我一定會好好把握」？說實話，這個男人到現在還是覺得妳很好欺負。他應該是認為，只要自己勾勾手指，就可以輕易挽回妳，才會傳訊息給妳的。而妳其實是從他那裡受過傷害，才會這麼依依不捨，畢竟人們本來就比較難忘掉自己得不到的東西。

前男友並不是因為愛妳才回頭找妳的。他只是覺得曾經喜歡自己、纏著自己的女人，竟然要跟別人結婚了，認為自己的東西被搶走了，才會有這種反應。和前男友的愛情故事還是留在記憶中比較好。也就是說，雖然之前是妳被甩了，但最後就

用妳甩了對方做個勝利的結尾吧。話說到此，如果妳想要像「羅密歐和茱麗葉」一樣，悔婚去找原本的男朋友，我也沒有辦法。但是那個結果，我想是妳跟我都可以預料的。

Point ｜出局的男人

分手後又復合的情侶，依然會為了相同的原因分手。如果再次接受曾經拋棄妳，走向別的女人的男人，妳終究只會變成一個暫時的停留站。

\ 戀愛 T I P /

成為不讓人厭煩的人，要先愛自己

　　曾經有個女人這樣問我：「顧問，我希望男友不會厭倦我，只愛著我一個人。有沒有什麼方法能讓男朋友永遠只愛我一個人呢？」

　　「我想成為讓男人疼愛的女人。」當妳出現這個想法的瞬間，妳就成為一個沒有魅力的女人了。矛盾的是，想要成為不讓人厭煩的女人的話，妳就不能為了獲得男人的愛情而努力。與其努力地表現最好的一面給男人看，不如珍惜自己、為了自己而努力，這樣才能成為不讓人厭煩的女人。

　　有次，我在健身房的跑步機上跑步時，有一位女子拿著智慧型手機，踏上我旁邊的跑步機，她大約跑了三分鐘，電話就響了。因為她就在我旁邊講電話，所以我自然地聽到了通話內容。對方不知道是男朋友還是曖昧對象，沒有說一聲就跑來健身房找她。「哎呦，你怎麼不說一聲就跑來？」那個女人露出滿意的微笑，一掛電話就馬上換衣服，離開健身房了。我看著她跑出去的背景，心裡想著：「妳很快就會被甩了。」

　　如果我是那個女人，曖昧對象沒有事先告知就跑來健身房找我，我是不會馬上跑出去找他的。我會說：「哎呦，你怎麼不說一聲就跑來？我才剛站上跑步機耶！你有看到旁邊的咖啡廳嗎？去那邊喝杯咖啡吧！我都來了，跑十五分鐘就走。你等我一下，

很快就好。」然後跑三十分鐘左右，再出去找他。不説一聲就跑來的男人，應該是有點喜歡自己，這種男人讓他等三十分鐘，他也不會跑走的。不，他有可能覺得，為了維持身材而努力運動的女人更有魅力。

　　人們會對事物感到厭煩的原因通常是因為「擁有」。所以説，就算再漂亮、身材再好的女人，如果説出「我是你的」這句話，她就會變得沒有魅力，馬上讓人厭倦。得不到的東西是不會厭倦的。所以，不要為了得到男人的愛而努力，妳要先愛妳自己。男人是不會厭倦這種女人的。

原生家庭
讓全家人依靠的男友，使我壓力很大

　　Q：我男朋友是三兄妹中的長子，所以雖然家裡環境不是太好，還是省吃儉用地培養他，他也靠著自己白手起家。他是一個很溫和的人，以交往對象來看的話完全是一百分，但是以結婚對象來看的話，可能連五十分都沒有。因為他的家人都要依靠他，他未來必須幫妹妹準備嫁妝，而他弟弟還在念大學，學費也是他付的。他父母過生日的時候，還跟男朋友要了一輛車當生日禮物。他覺得應該要好好報答父母栽培的恩情，而他的父母也引以為傲有這個好兒子。這些都算了，但他們有一次對我說：「如果不是遇到我們兒子，妳該怎麼辦啊？妳應該要好好謝謝我兒子願意跟妳交往。」這句話讓我覺得自尊心大受打擊。其實我也是從不錯的大學畢業的，也靠自己賺錢。所以，即使我們交往五年了，我還是在猶豫要不要跟他結婚。

　　我的家人雖然喜歡我男朋友，但是卻不太滿意他的家庭狀況。我男朋友的父母則認為我會疏於照料家庭及孩子。我家人認為結婚的決定權在我自己，我男朋友則是要我相信他。我和這個男人結婚的話會幸福嗎？

A：家庭狀況也是考量是否要結婚的原因之一。

不是每個父母都喜歡男人「白手起家」，我想是因為一個普通的家庭如果出了一名很有能力的子女，那整個家族的人可能都會依賴那名子女，所以不喜歡這種對象吧？就像妳男朋友的父母一樣，把自己的兒子當作驕傲，所以會出現一些傷人的言語或是行為。

如果我是女人的話，在挑選結婚對象時，會注重三個大方向。第一是那個男人本身的條件，我會注重他的品性、外表，或是和我的相處方式；第二個就是他的能力，結婚後的經濟能力其實是很重要的；第三個是他的家庭，不只是看他的家世好不好，而是看他和家人們的相處模式，還有那個男人在家中扮演的角色。因為結婚之後，男朋友的家人也會成為妳的家人，不管妳願不願意，你們的生活都將彼此牽連，所以男人的家庭狀況也是很重要的。以妳的情況來看，第一項和第二項的分數都是一百分，雖然第三項是五十分，但平均下來也有八十分以上。

妳的情況大概是，和這個男人結婚的話，一年三百六十五天中，有三百天是幸福的，但是有六十五天可能會過得比較痛苦。每到一年一度的過年、生日、紀念日以及各種喜事、喪事，或是一些突如其來的家族聚會等等，就會覺得壓力比較大。雖然看起來大約是一年中只有兩個月的時間比較辛苦，但是頻率卻是經常要接受壓力。其實這沒有想像中的容易。

　　如果從一開始就不要交往可能還沒關係？但都交往五年了，還覺得他作為男朋友是一百分的話，可見妳真的很愛他。雖然這真的是一件很煩惱的事，也幾乎確定了未來妳一定會因為他的家庭而感到壓力很大，但是整體來說，三大基本條件中這個男人已經達成兩項了。你們還沒正式地談到結婚這件事，所以妳也不用給自己太大的壓力，先和男朋友好好協調一下。這可能不太容易，但你們還是可以努力看看，如果真的無法產生共識，再考慮要不要跟他分手吧。

Point │ 出局的男人

　　其實我覺得幸好問題不是在這個男人身上，而是他周圍的環境。所以你們必須好好協調，一個體貼的男人會儘量配合女朋友的。這點非常重要，因為當妳和妳男朋友的家人意見不合時，妳能相信的除了那個男人以外就沒別人了。如果他的家庭環境不太好，他自己本身條件也普普通通的話，妳就可以考慮離開這個人了。

＼ 戀愛 T I P ／
結婚前必須要問彼此的三個問題

　　如果戀愛是浪漫喜劇的話，結婚就是一部紀錄片。婚姻不是雙方相愛就會幸福，也不是有錢就一定會快樂。當你們成為一年三百六十五天每天都要見面，每天都要一起吃飯的關係時，就會產生許多預想不到的紛爭。為了好好拍攝名為婚姻的紀錄片，一定要詢問彼此的三個問題是什麼呢？

　　第一，對方的經濟狀況以及他對金錢的觀念。

　　夫妻是財政共同戶。雖然近期有很多各自管理薪水的夫妻，但是維持生活品質和養育孩子時，想要明確地劃分金錢是不太可能的事情。金錢問題尤其是夫妻之間一個非常重要的課題，這牽扯到雙方的信賴和親密度。所以結婚前一定要先了解對方的收入和開銷，兩人要先分享自己的金錢觀，像是結婚之後是否要成為雙薪家庭、對方儲蓄情形、未來計畫及理財觀念等等。當生活出現紛爭的時候，大部分的人都會說「我不是因為錢的關係」，但其實絕大部分的問題都是因為金錢產生的。婚姻生活也是一樣，所以一定要先了解經濟狀況及金錢概念。

　　第二，關於子女問題。

　　必須要知道對方是想要孩子，還是想要當頂客族。如果要孩

子的話，也要問清楚對方是什麼時候想要生孩子以及要生幾個孩子。孩子出生以後，生活會發生極大的變化，為了照顧孩子，可能有一方要放棄工作，開銷也會增加，另外也可能會受到雙方原生家庭的影響。雖然孩子不見得能照著計畫出生，但是結婚前雙方先談好一個時間點比較恰當。

第三，關於家事分擔。

就算結婚前說好家事要平均分配，但是現實狀況就是大部分的男人對於家事還是撒手不管。男人都會認為自己做了很多家事，但事實上他們根本沒有做這麼多家事。根據 2020 年 9 月韓國政府發布的統計數據來看，夫妻間若是雙薪的話，女性一天做家事的時間是三小時七分鐘，而男性則是五十四分鐘；單薪家庭的話，就不需要再多說了。有趣的是，雖然目前兼顧工作和家庭的觀念比以前提高非常多，但實際上跟 2014 年比起來，女性做家事的時間只縮短了三分鐘。也就是說，雖然嘴上說著「公平」的人變多了，但事實上卻還是不公平。結婚後通常都不是因為嚴重的大事而爭吵，而是為了洗碗、打掃、倒垃圾等等小事爭吵，所以事前先了解對方的想法比較好。

"

談戀愛只要看著對方的一個優點就可以持續下去。
就算對方什麼都沒有，
只要身高 187 公分，只要他的聲音像歌手朴孝信，
就可以談戀愛。

結婚不一樣。
重要的不是那一、兩個優點，
而是整體的平衡。

"

兵變

離開當兵中的男友是不是很壞？

Q：我男朋友重考了兩次才考上大學，因為一直在念書，所以比較晚去當兵，今年 27 歲了才剛入伍。現在的問題是，我們本來每天見面，但現在突然沒辦法見面，所以我覺得無法忍受。因為我太難過又很孤單，所以周圍的人都很照顧我，其中有一個公司同事我非常好。我後來才知道，他從我還沒交男朋友的時候，就對我有好感了。其實我們天天一起吃午餐，但我從來沒把他當成一個異性對象來看待，可是我最近卻越來越依賴他。我男朋友完全不知道我的心情，還打電話跟我說：「單身節[9]快到了，妳那天帶著巧克力棒來懇親吧！」不久前我參加同學的婚禮時，心裡甚至覺得我都這把年紀了，為什麼還要苦苦等著在當兵的男朋友呢？我應該要繼續等待他嗎？

A：**丘比特手中的箭也沒辦法飛得很遠。**
社會學家伯薩德說過這樣一句話：「如果愛情能永遠不改

9　又稱光棍節，在韓國是告白或是和情人一起過的節日。

變的話最好，但是當人們的身體距離變遙遠時，心的距離也會變得很遙遠。」當妳一直以來依賴的人突然不在身邊時，的確是有可能轉為依賴別人。說難聽一點，男人有義務要去當兵，但女朋友卻沒有義務要等男朋友。雖然在當兵的人可能會覺得這話非常刺耳、也會很難過，但是要和誰交往本來就是個人自由。

在這種情況下，妳可以選擇變心。但是，妳和男朋友分手的原因不能是因為妳「喜新厭舊」或是「劈腿」。如果妳真的被別人的真心打動，也確定自己的感情了，還是要跟男朋友清清楚楚地結束這段關係以後，才能和其他人交往。我們雖然不該譴責兵變，但是就算妳已經整理好自己的思緒，喜新厭舊或是劈腿還是很容易造成別人誤會。

熱戀的時候，人們總是會有種錯覺，認為自己一定會和那個人結婚。雖然那瞬間妳會覺得自己和他可以永遠幸福下去，但人心就是如此飄渺不定。硬要辯解的話，喜歡一個人的心情，好像不是自己能控制的；討厭一個人的心情，也不是自己能夠決定的。不管什麼情況，只要妳是為了自己做出了決定，就不要在乎旁人的想法，要光明正大地走下去。

Point ｜ 出局的男人

　　雖然男人有義務要當兵，但女人卻沒有義務要等男人。在最辛苦的期間，如果有人能陪伴自己，是一件很值得感謝也很值得開心的事，但就算被分手了，也不能怪罪任何人。

　　依賴男朋友，苦苦等著男朋友的女人容易感到孤單，這種人反而會更容易被外界的誘惑打動。等待男朋友退伍最好的方式不是天天寫信，也不是每個星期按時去懇親，而是要從容地度過每一天，並享受生活，這樣時間才會過得比較快。如果可以這樣不知不覺地迎來男朋友退伍那天當然最好，但就算等不下去也是沒辦法的事情。

急著閃婚

大我 25 歲的男朋友，
一直想趕快結婚

Q：我今年 21 歲，男朋友是公司的主管，今年 46 歲。這是我的第一份工作，目前做了五個月左右。我跟他才剛開始談戀愛。第一次見面時，因為他是個很嚴肅的主管，所以我覺得有點害怕。他對別人說話時非常不客氣，但是卻對我很好，總是稱讚我漂亮，還說想要我當他女朋友，因此我也漸漸地把他當成一個異性對象看待。有一次我們一起出外勤的時候，我問他是不是結婚了，他回答說「我一直都是單身」，還帶我去區公所申請文件讓我確認。所以我也稍微表示了我的心意，之後他就很積極地開始追我，我們展開了地下戀情。前不久過節的時候，我男朋友說希望我去跟他家人見個面，我也去了。男朋友的媽媽很喜歡我，也對我非常好。但他還沒去過我們家。

我男朋友雖是公司主管，但他其實並不有錢，條件也不是非常傑出，房子是租的，也沒有車子。雖然能力很普通，但他的優點就是很善良也很愛我。不知道他是不是因為太久沒談戀愛，所以現在一直想要趕快和我結婚。我雖然已經去過他們家，

見過他的家人，但其實還很猶豫，因為年齡差距太大。我的朋友們和周遭的人都說我瘋了。我真的是瘋了嗎？

A：當賣家急於推銷東西時，我們就必須更加慎重。

遇見了一個讓妳考慮結婚的善良男人，一個只愛著妳的男人，那真的是一件非常值得高興的事情，但如果我不是戀愛顧問，而是妳的「親哥哥」的話，我會對妳說什麼呢？

第一，這真的是愛情嗎？21 歲的第一份工作。年紀輕輕初出社會，一定會感到非常辛苦，這時候 46 歲的公司主管對我很好的話，我可能也會想要依賴他。但是這真的是愛情嗎？妳必須要先問問妳自己，如果妳換了工作還會繼續喜歡他嗎？

第二，我不想阻擋你們的戀情，所以尊重妳的決定。但是，才交往沒幾個月，就半強迫地帶著妳跟自己的家人見面，還談到結婚的事情，說實話以男人的立場來看我覺得這點非常可疑。就好像是要買二手車的時候，賣車的人非常急著想要脫手的感覺？不管是哪種生意，賣家非常急於想要脫手時，買家就必須更慎重考慮。不過妳也不需要煩惱太多，我希望妳可以跟他談一年的戀愛之後再考慮結婚這件事。就算過了一年，妳也才 22 歲。不管對方怎麼說服妳，我都希望妳一定要交往一年後，再考慮其他事情。

第三，我們來看看現實面。晚上十點在超市關門前去買牛奶的話，大部分都會剩下快到期或是外包裝被摔到的牛奶。

妳男朋友 46 歲了，雖然我不知道他是不是很自豪地給你檢查他的「戶籍謄本」，但到了這個年紀還沒結婚一定都是有些原因的。現在就連在線上購物中心買一台筆記型電腦都要一直比價，並仔細閱讀售後評價才會下單。選對象當然也是一樣的。談戀愛時就應該要好好思考，談到結婚時，更是要慎重處理。

另外，我很在意妳說的「對別人說話時非常不客氣」這句話。現在是因為他很疼愛妳、很喜歡妳才對妳很好，我覺得對別人說話時非常不客氣才是他的真面目。我勸妳在跟他交往的一年期間，多多打聽他的為人。職場生活和家庭生活是息息相關的，妳一定要打聽他的名聲，並調查他工作時展現出的性格和處理事情的能力。

Point｜出局的男人

　　交往一年後再思考結婚這件事也不會太晚，如果對方等不了一年，急著要結婚的話，表示他很有可能是為了想要隱藏什麼事實。

- 當對方急著想要結婚的時候，妳要先停下腳步，慎重地評估目前的情況。不管是戀愛還是結婚，操之過急都容易引發其他問題。
- 他對待別人的態度，總有一天會回到妳的身上。因為那才是他的真面目。現在是因為要表現給妳看才會對妳很好，等兩人關係穩定後，他會像對待公司員工那樣對待妳的。
- 雖然有點誇張，但我聽到這個案例，腦中第一個出現的詞是「煤氣燈效應（gaslighting）」。煤氣燈效應這個詞源自於電影《煤氣燈下》（Gas Light），是指經由心理操控，影響他人認知能力的情形。在電影《煤氣燈下》中，妻子懷疑自己產生幻覺，而失去判斷能力，漸漸地只依賴著先生。

\ 戀愛 T I P /

戀愛顧問教妳預防倦怠期的約會方法

　　愛情無法養活妳。雖然提升自信心可以促進職場生活上的表現，但愛情本身是沒有辦法讓妳吃飽的。沒有經濟效益的戀愛方式讓人很愉悅，但我們卻無法一直過這種生活。談戀愛需要「錢」，為了留下美好的記憶就需要「更多的錢」。所以轟轟烈烈的愛情會向現實低頭，幸福雀躍的感受則會漸漸轉化成平淡的情緒。這時候很多情侶就會覺得是不是愛情漸漸淡了，但其實這是一個自然現象。戀愛不能一直不在乎經濟效益，我們必須要找出有經濟效益又可以留下美好回憶的約會方式。

　　妳回想一下學生時期和朋友出去玩的情景。雖然學生時期你們非常親密，但是出社會以後，你們見面的頻率卻遠遠不及公司同事。但是當妳們再次相聚，打開話匣子的時候，卻還是一樣開心，那因為妳們有「相同的回憶」。同樣地，情侶之間也要一起「經歷」某些事情，只要產生許多「共鳴」，就可以讓關係維持得比較長久，也可以預防倦怠期。重點不是一定要去吃昂貴的食物，或是去高級的地方，重要的是你們創造的「初次體驗」。

第一，嘗試從來沒吃過的食物。

　　人們雖然追求變化，但卻很難付諸行動。每天午餐時間還是去相同的餐廳吃飯，買冰淇淋的時候也會猶豫到底要不要買新口

味。約會這件事和「進食」有密不可分的關係，偶爾嘗試從來沒吃過的食物也可能製造出美好的回憶，妳會發現，妳沒有吃過的食物其實非常多。

我自己的情況是，我和妻子談戀愛時，她從來沒有吃過龍蝦。那時候新推出了一種套餐是牛排配龍蝦尾巴，我就買給妻子吃了。雖然只是尾巴，但是那是妻子第一次吃龍蝦，因此直到現在，她看到龍蝦就會想到我。她第一次吃越南三明治也是我買給她的，她有時候還是會說想要吃我買的越南三明治。

兩人一起去尋找美食也是一個很好的回憶。因為那是一個特別的目標，也能當作一場旅行。就像是，不要去飯卷天國[10]吃全州拌飯，而是去真正的全州吃；不要在休息站買核桃餅，而是去天安找核桃餅始祖。品嚐著沒有嘗試過的食物，也是一種能創造回憶的約會方式。

第二，去沒去過的地方。

開始約會後妳就會發現，妳們的活動範圍其實很狹窄。想要製造回憶的話，就要去一些沒有去過的地方。你們可以去大家都喜歡去的遊樂園、水上樂園或是南山塔，也可以去改裝成便利商店的舊式澡堂，或是看不清旁人的幽暗西餐廳。人們在陌生的地

---

10 韓國非常普遍的家常餐廳，賣各式各樣韓式料理。

方就會習慣依賴身邊的人。如此一來，你們不僅能創造新的體驗、製造新的回憶，還能在依賴對方時順便增加雙方的依戀之情。

第三，體驗沒有做過的活動。

像是早起爬山或是打羽毛球等運動，這種能夠一起流汗，並達成某個目標的運動，不僅能創造回憶，還能增加雙方的情意。去做志工或是一起醃泡菜也是很不錯的選擇。第一次的經驗能成為兩人間重要的回憶，也可以產生共同的話題，就像藝人們為了綜藝題材，會踏上艱苦的旅遊路線一樣。

以上只是我簡單舉的例子。你們可以去尋找適合你們的約會方式，最重要的是「初次體驗」。如果能一起經歷第一次品嚐某種美食、第一次去某個觀光景點、第一次做某項活動，就可以大幅拉近你們之間的關係，也能夠預防倦怠期。

遠距離
一年只見兩次面的情侶

Q：我今年 35 歲，我男朋友比我大 3 歲，他離過婚，我則是單身。我們交往兩年了，男朋友住在加拿大，所以他每六個月回來韓國時，我們才能相處兩個禮拜。雖然見面的時間很短，但他說等我們結婚後就一起住加拿大。一開始我們還會聊到結婚的事情，也計畫也去見對方的父母，但是因為疫情衝擊關係，他的經濟情況變得比較拮据，因此他的心情也受很大的影響，開始把結婚計畫往後延，甚至說覺得自己這輩子還是一個人生活比較好，再結婚的話怕跟前一次婚姻一樣，因為自己的個性不好，而讓我受苦。他還說：「妳不管和誰交往都可以過得很幸福，去找一個更好的人，備受呵護地生活吧！」我問他：「你是要跟我分手嗎？」他又回答不是。本來我就因為一年只能見兩次，一直忍耐，但他現在連話都說得這麼消極，我真的覺得很疲憊。我應該怎麼做才好呢？

A：評斷一個男人的方法，不是要看他說的話，而是要看他的態度。

　　我曾認識一對朋友，他們在準備結婚時，準新郎發現自己得了「白血病」，當時女方將婚禮延後，並體貼的照顧男生。我在新聞專欄寫過這個故事，結果 SBS 電視台[11]看到後跟我聯絡表示：「想告訴大家這個感人的故事。」那位編輯這樣拜託我，但我拒絕了他。因為，那位女性有可能會跟男生分手，如果他們被電視台報導後，女生被冠上了「心地善良」的名號，我覺得反而會成為她的「枷鎖」。果然，那對情侶再過了一年多後，還是分手了，那時候男人說的話就是「去找一個比我更好的男人」。

　　如果妳男朋友也有這種淒涼的故事那還說得過去，不然大部分的男人說「我希望妳找到一個比我更好的男人」時，他們都是認為自己在這段關係中佔有優勢，假裝體貼對方，但是其實是想提分手時才會說出這句話。38 歲的離婚男，住在國外，只有每六個月回國時才能約會，這種男人一開始甜言蜜語地說著要結婚，現在卻以疫情當藉口要妳去找別的男人幸福的過日子，雖然我不是真正了解他，但我的感覺就像是「真刺激，像一把利器劃破空氣中的寧靜」。（電影《老千》中曹承佑的經典台詞）

　　評斷一個男人的方法，不是要看他說的話，而是要看他的態度。女人們只要在男人們提到結婚，或是見家人之類的話，

---

11 韓國三大無線電視台之一。

就會覺得男人是真心的，但嘴巴上的承諾其實是最容易的。只
在回到韓國的那段期間內對交往中的女朋友很好，也不是什麼
稀奇的事情。男人說甜言蜜語時，不要只聽他的「說的話」，
還要觀察他的「態度」，我指的是他有沒有真的想要規劃和實
踐你們美好未來的那種「態度」。可惜的是，在妳男朋友的身
上看不到。

Point ｜ 出局的男人

　　在電影裡面總有那種很帥氣的男人，他們真心希望自
己深愛的女人過得幸福，想辦法讓她離開自己去尋找更好
的對象。但現實生活中卻不會有這種事。如果真心愛著對
方，他們會拼命留住那個認為自己能力不夠的女人，然後
還會把自己的不足分給對方一起承擔。很多女人會突然心
軟，或是因為還有愛而再度接受對方，但馬上就會後悔。
我們必須要確認，他是只會「用說的」去刻劃美好的未來，
還是會用「態度」積極表現給妳看。

劈腿

想報復勾引我男朋友的女人

Q：我有一個全心全意愛著我而且又老實的男朋友。但因為他長得很帥，總是有些狐狸精在旁邊勾引他，然後他還真的上勾了。被我發現之後，他向我求饒說知道自己做錯了，一定會好好反省，我也打算放過他一次。朋友們都說，看他這麼真心懺悔，大概是不會再犯同樣的錯誤了，應該是這樣沒錯吧？但是我卻無法原諒勾引我男朋友的那個女人，我打電話給她，她都不接。那個女人我也認識，有什麼好方法可以報復那個狐狸精嗎？

A：**男人有可能不劈腿，但是不可能只劈一次腿。**

我懂妳想要扯她頭髮或是在大家面前拿泡菜甩她耳光的心情，也理解妳想要去那個女人的公司大肆宣傳她是勾引別人男朋友的「狐狸精」。但是老實地告訴妳，雖然我不知道那個「全心全意愛著女朋友，長得又帥又老實的男人」跟妳說了什麼藉口，但在這種情況下，妳放過「寄主」（劈腿的男朋友），只除掉「寄生蟲」（男朋友劈腿的女人）的話，馬上又會出現別

的寄生蟲的。如果妳每次都要拿泡菜去甩狐狸精耳光的話，那妳一年可能要醃一百顆泡菜。

「男人有可能不劈腿，但是不可能只劈一次腿。」這是劈腿界的名言。如果妳總是認為「是因為有狐狸精勾引我那老實的男朋友，所以他才會不小心上勾」，然後罵完小三就算了的話，妳男朋友就會「學到」當他劈腿時，只要「向女朋友求饒，她就會原諒我」。當他發現妳是一個會原諒他劈腿的女人，他不久後就會再劈腿。

所以妳要報復的對象不應該是「那個女人」，而是「妳男朋友」，該打斷的也應該是妳男朋友的腿。就算妳真的要報復那個女人，也該由妳男朋友對著那個女人做，以小三的立場來看，這樣會比被妳報復還來得痛苦多了。可惜妳已經答應要原諒男朋友了，請記住，用這種方式原諒他，他還是非常有可能再次劈腿的。

> **Point ｜ 出局的男人**
>
> 　　男朋友劈腿時一定要分手。就算再愛他，就算對方跪著跟妳求饒讓妳想要再給他一次機會，妳也要先跟他分手，原因如下：
>
> - 太容易原諒他，他就會學到一件事，那就是：「就算我劈腿，只要我苦苦哀求，這個女人就會原諒我。」在這種情況下，他會非常容易陷入下一個誘惑。妳要讓他學到：「如果我劈腿，這個女人就不會再跟我交往了。」這樣至少可以預防一點點再次劈腿的機率。
> - 情侶之間的信賴，就像砌磚一樣，雖然是一點一滴地累積上去的，但垮掉卻是一瞬間的事。而且被摧毀過的信任，想要恢復原狀不知道要花多少時間。所以，想要和劈過腿的男朋友再次過著幸福快樂的日子，是一件很困難的事情。

\ 戀愛 T I P /

對前男友來說最好的報復是？

曾有個女人因為想要報復前男友所以跑來找我。我聽完她說的原因，覺得身為一個女人，的確會很生氣。她問我，如果她去勾引前男友的朋友，並跟他交往的話算不算是報復，但是我阻止她了。她這樣做雖然可以讓前男友感到很生氣，但她自己卻會失去更多。我對她說：「如果妳還想挽回前男友的心，那也許可以這樣做；如果不是的話，為了前男友所消耗的時間和精力都只是浪費而已。還有，我希望妳能把前男友從妳記憶中抹去。」

如果對方得了不治之症那還有可能，不然一般在談戀愛時，因為太愛妳而要跟妳分手的男人都是騙人的。分手後，對方毫不在意地繼續過生活，但妳卻依依不捨，難過又痛苦的話地想報復，那才是悲慘。就算在網路上公布前男朋友的電話號碼，說是 BTS[12] 的電話號碼；要回交往時，妳送的所有禮物；甚至騙對方自己懷孕了，這些都不算是報復，只是浪費自己的時間而已。

妳要提升自己，並找到一個更好的男人過著幸福的日子，讓他後悔跟妳分手。這才是最好的報復，也是男女關係中唯一的報復方法。妳要讓自己成為一個，當你們再次巧遇時，妳不會隱藏自己，而是可以大大方方地問他說「你最近過得好嗎？」的女人。這才是真正的報復。

---

12 韓國偶像團體防彈少年團的簡稱。

"

「如果有一天我們吵得非常非常嚴重，
妳覺得我們會分開嗎？」
我問。

「不知道。
我會盡我最大的努力，讓我們可以繼續幸福快樂的生活，
但是世界上很多事情都無法預料，
就算努力了，看不到結果，那還是會分開啊！」
妻子答。

我聽了有點傷心、有點害怕，然後突然領悟了。
如果妻子平常就說：
「我絕對不會和你分手，我沒有你就活不下去了。」
那我還會像現在這樣那麼尊重我的妻子嗎？
男人總是挑軟柿子吃啊！
善良的女人造就不良的男人。

"

多重伴侶

男朋友同時愛著兩個人

Q：上星期男朋友提到了「多重伴侶」這個詞，我問他是什麼意思，他說他可以同時愛著兩個女人。他表示，他雖然愛著我，但是他現在也愛著另一個女人。我問他是在坦承自己劈腿嗎？但是他說不是，他是真心愛我，只不過可以同時愛著兩個女人。我不知道他為什麼可以這麼厚顏無恥的說自己劈腿，一個人真的有可能同時愛著兩個人嗎？

一開始其實是我先跟他告白，我們才在一起，到現在過了兩百天了。我是打算跟他走下去，才認真地跟他交往的，聽到他說那種話，覺得很不知所措，也非常生氣。一個人怎麼可能同時愛著兩個人呢？如果真心地愛著一個人，眼裡不是應該看不見其他人才對嗎？他最近工作時有點辛苦，神智有點不太清楚，有什麼方法可以讓他振作起來嗎？

A：**和有相同愛情觀的人交往會比較幸福。**

多重伴侶（polyarmory）是指一個人同時愛著兩個人的多角關係，談這種戀愛的人們，我們稱他們為「性自由主義者」。

孫藝珍主演的電影《我的花心老婆》有句經典台詞：「我是要你幫我摘星星了？還是要你幫我摘月亮了？我只不過是要再找一個老公而已。」金喜愛和朴海俊主演的《夫妻的世界》也這樣說：「陷入愛情並不是罪啊。」這些都是屬於多重伴侶關係的影劇作品。

　　但以一般人的思維來看，愛情和嫉妒就像時針和線一樣。這兩種東西同時出現是理所當然的事情。有人說有所謂「冷靜的愛情」，但是冷靜的愛情就像「火熱的冰塊」或「冰涼的火焰」一樣，是矛盾的事情。真正的愛情是無法耍酷的。不過，就像違反物理學法則一樣，確實有些人的愛情感受是反向操作的。

　　我想說的是，其實重點不在於「多重伴侶」可不可能發生在現實生活，最重要的是妳自己本身。如果情侶雙方都是性自由主義者的話，雖然外人會覺得你們很奇怪，但那是你們的戀愛觀，你們的自由。相反的，情侶中只有一人是性自由主義者的話，對另一半來說就是個大問題了。在一個有著平凡愛情觀的人看來，不管對方怎麼包裝這件事，它看起來還是像劈腿和不倫戀。

　　妳的男朋友真的是可以同時愛著兩個人的性自由主義者，還是只是美化自己跟別人劈腿的事情，這只有他本人才會知道。但是認為自己是性自由主義的人，是沒有辦法改變的。改變一個人的傾向就已經很困難了，更何況他不覺得自己和情人

以外的人約會有什麼問題，講得就好像去漢堡王吃漢堡一樣理所當然，會這樣說話的人，表示他的同理心和感受非常地與眾不同。與其要努力地改變對方，不如另外找一個和妳有相同愛情觀的人交往還比較輕鬆，妳的戀情也會更幸福。

> **Point │ 出局的男人**
>
> 　　一個男人真的是性自由主義者，還是只是美化自己是玩咖的事實，只有他自己最清楚。但重點是，當一個人可以自己把和情人以外的異性約會這件事，講得這麼理所當然，就表示他的同理心和一般人有極大的差異。這種人是無法改變的，因為他完全不知道自己的行為有什麼問題。

同居

符合經濟效益的愛情？

Q：我和男朋友交往了八個月，同居了五個月左右。我們兩個都是外縣市人，原本在首爾各租了一間套房，決定交往以後，一開始我們會輪流去住對方的家，接著男朋友就提議我們可以一起住。男友認為經常來回跑很浪費時間和交通費，一起住的話還可以節省房租、伙食費和生活費，比較符合經濟效益。既然互相認定對方，就一起住，還可以一起存錢準備結婚。雖然我看過一些因為同居所以分手的情侶，心裡有點擔心，但那時候還是熱戀期，所以就答應他了。

同居生活剛開始，我們一起布置房間，一起吃飯、看電影，過得非常幸福。雖然沒有經過父母的同意，所以不能告訴大家我們住在一起，但是我們就好像新婚夫妻一般，生活過得愉悅又幸福。不過畢竟長時間住在一起，漸漸發現一些不方便的地方。像是和朋友聚會或是公司聚餐時，因為顧及對方感受會開始有些爭執，一點芝麻蒜皮的小事也會吵架。有次我們晚上一起喝一杯時，聊天聊著突然又吵起來，男朋友對我說：「煩死了，我們分手吧！這是我家，妳出去！」從那時候開始，只要

我們吵架，他就會一反常態，對我大聲發脾氣，還會說出：「妳出去！」、「分手吧！」之類過分的話。他明明一開始是一個很溫柔的人，我覺得他是因為不愛我了，因此哭了很久。我們到底是從哪裡開始出現問題的呢？

A：同居會讓愛情的電力消耗得更快。

「這個男人是為了和我發生關係才跟我交往的嗎？」這是許多女人戀愛時，和男人發生關係以後，就會思考的事情。事實上，這的確很容易讓人誤會，因為男人就是這麼想要發生關係。

一開始，男人會進行「不符合經濟效益的戀愛」，到處尋找美食，大方地支付遊玩時需要的金錢，而戀愛初期這種不符合經濟效益的約會讓人感到愉悅及甜蜜，女人們會因此對男人感到非常信任。這時候，如果兩人之中有一個人是自己居住的話，就會開始加快身體接觸的進展速度。兩人相處的時間會自然而然的增長，一起做飯、一起吃飯，然後一起看電影的時候，其中一個人可能會說：「我今天就在這裡睡覺，然後明天直接上班吧？」

這種日子，持續一、兩次之後，就會自然而然地「同居」了。同居的理由非常正當，因為一起生活可以省房租和來往的交通時間。省下來的時間和費用，讓你們一起吃好吃的東西、看電影，就如同童話中的主角一樣，好像可以永遠「happily ever after」，洗手間裡開始也出現兩支牙刷。

　　你們為了「符合經濟效益的戀愛」，開始了同居生活，但諷刺的是，從開始精打細算後，戀愛就會變得不再浪漫。因為戀愛在沒有經濟效益的時期，才是最幸福的時候。而且，同居和結婚，從住在一起的角度來看好像是一樣的，但其實本質上有很大的差異。結婚對於兩個人來說，有一些社會上的「責任」及「義務」，但是同居的時候，這些卻不存在。同居就是，就算認為自己身上有一些責任，但是當發生問題時，雙方還是會互相責怪對方。

　　妳問你們到底是從哪裡開始出現問題的，如果用「哪個時期」來回答的話，那產生問題的時期就是「同居」吧。從男朋友的行為看來，就算沒有同居，總有一天也會發生類似的事情，只是同居讓愛情的電力消耗得更快而已。從男朋友口中聽到「這是我家，妳出去吧！」這種話時，表示他已經不再尊重妳。妳聽到那句話後，只是心理覺得「怎麼辦？」但還是繼續一起生活，所以男朋友的態度才會越來越不好。如果你想要繼續忍受，那是妳的選擇，但若妳不希望讓自己變成戀愛的「乙方」，我希望妳能結束這段戀情，以後談一場受尊重的戀愛。

Point ｜出局的男人

　　愛情就像無法充電的電池，同居會讓愛情的電力消耗的更快。

- 不管再怎麼包裝，男人和女人同居時，最期待的就是「快速進展的身體接觸」。但同居不表示妳有進行肌膚之親的義務，也就是説，如果如果有男人用愛情情緒勒索妳，要求妳進行不願意的肌膚之親，那他就可以出局了。

- 能夠享受幸福戀愛的情侶，他們懂得什麼是「相處和獨處」。大部分開始同居的情侶都是為了「相處再相處」才選擇同居的，但是這種心境下展開的同居生活，通常只會埋下不幸的種子。而且，總是想要「相處再相處」的男人，通常都很怕孤單，也可能非常執著，所以需要多多注意。

- 同居不只是「住在一起」，而是要共享你們的生活。而且，不單是經濟層面，家事方面也理所當然要兩個人一起分擔。同居的時候請一定要好好地確認男人的責任感，跟沒有責任感的男人在一起，未來也不會幸福。

- 同居雖然可以快速的發展身體接觸，但同時也會比較容易產生不懂得尊重對方的情形。如果是 30 多歲時，

為了準備結婚先同居的話，情況可能會不同；但是 20 多歲的同居情侶，想要維持幸福的同居生活，最後走向婚姻的機率，老實說，大概就像妳今天走在路上撿到五萬韓圜（約新台幣 1200 元）紙鈔的機率一樣。

\ **戀愛 T I P** /

愛情也有效期限

　　「愛情的有效期限是三十個月。」這是美國康乃爾大學辛西亞‧哈贊教授說過的話。從進化心理學的觀點來看，戀愛初期「熱烈的愛」雖然讓人愉悅，卻是最沒有經濟效益的。吃昂貴的食物，看各種表演，到處旅行等等，明明是一些不一定要一起做的事情，卻因為想要一起行動，而花費了許多金錢和時間。這時，兩人所感受到的幸福及愉悅感，並不僅僅是因為愛情而產生的感受，而是在投資了許多的金錢及時間下，而獲得的「結果」。

　　如果人類的愛情不會冷卻，一直永遠像當初那樣熱情地愛著對方，真的就會幸福嗎？真的會像歌詞或是童話故事的主角一樣，永遠幸福的過日子嗎？一直像熱戀時期那樣愛著對方的話，我們一直想著那個人，想跟他在一起，這樣會不會影響我們的日常生活及職場生活呢？把所有心力都集中在對方身上的話，有沒有可能會疏於照顧小孩呢？熱戀中的男女，將兩人之間互相陪伴的愛戀，慢慢轉換成「情誼」是一件理所當然的事情。有些情侶會將這個現象當作是「愛情淡了」，但是正確地說應該是，當初熱戀時的樣子是「瘋狂的狀態」，當妳認為愛情淡了的時候，才是回到「神智清醒」的狀態。

　　英國倫敦大學研究團隊的安德烈‧巴特爾教授表示，「當人們陷入愛情時，會抑制大腦中批判他人功能，及抑制相關的腦神

經組織。」這也可以說明為什麼陷入愛情的人，都看不見對方的缺點。另外，美國紐澤西州立羅格斯大學的海倫‧菲舍爾教授也發現，陷入愛情的人們，腦中會出現類似吸毒時的反應。也就是說，陷入愛情時，是無法做出理智的判斷的，人們無法再計算任何事情。而女人們也會像藥物中毒般，無法保持神智清醒，會把熱情接近自己的男人想得很美好，這時她們最大的誤會，就是會認為那些都是男人真實的樣子。

　　我們要怎麼知道，什麼時候是男人的愛情冷卻了，應該說是回到「神智清醒」的時候呢？當男人口中說出「欸，我也很累耶！」這句話時，就代表男人現在已經不是當初熱戀時，可以捨身為了妳摘星星的那個男人了。當男人恢復神智以後，他們就會開始進行「有效益的戀愛」。

婆媳問題

準婆婆很親切，但是⋯⋯

Q：我再過兩個月就要結婚了，房子找好了，其實我們也已經住進去了，一邊同居一邊準備結婚，兩個人過得非常快樂。一想到這個男人即將不再是我的男朋友，而是要成為我的先生，是屬於我的人，我的心情就和談戀愛的時候完全不一樣。但是現在有個問題是，我婆婆太愛她的兒子了。雖然婆家到我們家要一個小時的車程，但婆婆一個星期還是會來一、兩次，甚至男朋友不在家的時候，她也會突然跑過來。婆婆認為她是來自己的兒子家，所以不需要事先通知，來了以後就對我說，現在的年輕人都不知道怎麼做家事，所以要教我怎麼打掃跟煮飯，昨天她教我要怎麼清除襯衫領口的污漬，還要我試做一次給她看。

其實我自己一個人在外面生活很多年了，這些我都會。但因為我也不好對婆婆說什麼，所以就假裝配合著她。等男朋友下班後我跟他說這件事，結果他笑著跟我說，他一個人住的時候婆婆也會去他家幫忙做家事，並說婆婆是一個很善良的人，要我常常打電話問候婆婆，等我們變熟一點，婆婆一定會對我

很好的，要我不要想太多。但我怎麼可能不想太多呢？我的心情因此變得很不好。如果之後婆婆越來越誇張，那我該怎麼辦？

A：孝順是自己的事，疼愛子女也是自己的事。

我覺得有件很奇怪的事情是，結婚前不常打電話給父母，也不是什麼孝子的男人們，結婚後卻經常「cosplay」（角色扮演）孝子。當然，孝順是一件好事，但婆婆想聽的應該是兒子的聲音，我實在無法理解為什麼先生們總是要妻子打電話給婆婆，或藉由妻子去執行孝順這件事。

我結婚十二年了，我們家有一個屬於自己的規定，那就是「自己原生家庭的事情自己處理」。舉例來說，結婚後，我們家祭祖的事情就是我的責任。我曾經對我妻子說：「我們家祭祖為什麼要妳來準備？」如果妻子心情好想要幫我忙，那我應該要感謝她。但在原生家庭，買菜、準備食物、洗碗、打掃都是我該做的事情，是我的責任。所以每當我們回到老家時，孩子們就會笑我是「明姑娘」（明吉＋灰姑娘）。相反地，去妻子娘家的時候，就都是妻子的責任，我的手不會沾到一滴水，而是都在滑手機。所以對我來說，妻子的娘家根本就是天堂。

回到正題，能解決這個問題唯一的人，就是即將成為妳老公的那個男人。雖然我不該鼓勵一對連婚禮都還沒舉辦的準新人吵架，但就算會意見不合，現在也要盡早誠實地告訴男朋友

妳在意的點和煩惱的部分。如果因為還沒結婚，所以忍耐著不說出來的話，在一起生活以後，發生不愉快的事情，曾經讓妳傷心的情緒就會全部湧上來，那會造成更嚴重的爭執。

結婚不只是獨立生活，而是建立了一個新的家庭，房子也應該是屬於妳們兩人的空間。如果說因為有人隨時會突然過來，而要時時刻刻注意形象的話，妳就沒有辦法放鬆心情了，所以婆婆至少要先通知之後再過來才對。至於煮飯和打掃等家務事，就算以婆婆的標準來看有點差強人意，但也是你們兩個的問題、你們的生活方式，這不是婆婆可以干涉的事情。就算婆婆擔心襯衫洗不乾淨，那也應該是要一對一指導兒子，而不是指導媳婦。

如果即將成為妳先生的那個男人有同理心也有智慧的話，他就應該在妳面前挺妳，在婆婆面前挺婆婆。如果妳和婆婆同時在場的話，那他應該要「挺妻子」，因為父母和子女不管再怎麼吵架都不會分開。但相反地，和妻子發生嚴重的爭執時，兩人的關係就有可能會走到盡頭。

如果他一直像現在這樣表示出「我也拿我媽沒辦法」的態度，妳就該領悟到，和這種沒有責任感的男人一起生活，妳的婚姻只會亮起紅燈。所以請別逃避爭吵，好好觀察妳男朋友是怎麼處理這件事的吧。這樣妳就會知道，和妳一起生活的這個男人，到底是「妳的」老公，還是「別人的」兒子。

> **Point｜出局的男人**
>
> 　　太善良的兒子有可能會變成不良的先生。
>
> - 有智慧的男人在發生婆媳問題等家庭紛爭時，會有智慧並且誠心誠意地去解決這些事。如果他做不到這點，那結婚後，你們之間就會產生很多讓妳身心俱疲的家族問題。
> - 妻子和媽媽之間發生爭執時，站在媽媽那邊的男人不是「孝子」，而是「蠢蛋」。因為和媽媽之間不管有什麼紛爭都可以解決，但是和妻子之間的紛爭如果越來越嚴重，家庭就可能會分崩離析。
> - 有點諷刺的是，我們必須要時時刻刻記得，如果夫妻之間無法互相體諒，就可能會離婚，這樣我們才會努力地去尊重對方及理解對方。

附　錄

戀愛顧問的脫單必殺技

必殺技 1　比進攻更積極的「接近」策略

　　為了能夠跟喜歡的男人好好發展下去，妳要能分清楚「接近」和「進攻」的差別，並用它代替莽撞的告白。知道如何積極接近對方的女人，她戀情的成功率會比較高。我們用一個例子來分辨進攻和接近，假設，妳對參加同好會時認識的明吉有一些好感，下列哪種方法是接近策略呢？

　　1、開口問他：「其實我對你有點好感，那你覺得我這個
　　　　人如何呢？」
　　2、傳訊息給他說：「這禮拜請我看電影吧。」
　　3、看著他，親口對他說：「我們交往吧。」
　　4、對他說：「請我喝一杯吧。」

　　直接向對方說「我喜歡你」、「跟我交往吧」，這些只是單純的進攻。女人進行這種單純的進攻時，一開始的成功率會比男人對女人進行時來得高，但是萬一失敗的話，就完全沒有退路了。所以我建議妳們應該要使用更積極、有效的「接近」策略。如果你們不是一見鍾情，最重要的一點就是向對方透露「我想跟你變得更熟」這個訊息，這絕對比「跟我交往吧」這句話來的有效果。

　　以上四種方法的相似點是，皆是由自己先跨出第一步去靠近對方。但第一點和第三點都是進攻策略。如果那個男人也對

妳有好感的話，的確很有效，但如果還在曖昧不明的情況下，失敗的機率就很高，也會有一些反作用。因此，在多方考慮下，對男人進行第二點和第四點這種積極的接近策略效果會比較好，也比較不會有反作用。這個方法非常簡單，關鍵就是妳要向對方傳達「我對你有好感，如果你主動，那我就願意跟你約會」這種訊息。

妳以男人的立場思考一下。男人會覺得哪種女人有魅力呢？一定要像全智賢或宋慧喬一樣漂亮才是有魅力嗎？我敢說絕對不是。雖然每個男人都有自己的理想型，但真的和理想型談戀愛的人卻很稀少。因為對大部分的男人來說，真的理想型其實是「有可能和自己交往的女人」。

當那個女人和自己沒有任何關係的時候，男人們只會把她看成一個普通人，一旦和自己有所牽扯時，才會開始把那個女人看成「一名女性」。然後從那時候開始，就會從她身上感受到異性魅力。所以，積極的接近對方，比鼓起勇氣無條件的進攻還要有效。因為當妳向男人傳達妳想要和他變熟的訊息，他們解讀那些訊息時，就會把對自己有好感的妳，當成一名異性對象。

必殺技 2　能夠讓男人主動出擊的「不經意身體接觸」

有位美國人際關係的專家，對十五名受訪者提出「你認為

世界上有一見鍾情嗎？」這個問題，結果十五名中有十三名受訪者都對於世界上有一見鍾情這件事提出了反對的意見。

世界級男女關係的專家、《男人來自火星，女人來自金星》作者約翰・葛瑞表示：「男女之間為了陷入愛情，會分為五個階段。我們必須要經歷好感、半信半疑、佔有、親密感、婚約這五階段。」

《如何讓你愛的人愛上你》作者莉爾・朗茲曾經表示：「一見鍾情其實是在確認關係後，才把它回想成一見鍾情的。」

安東尼・沃許也在他的著作《愛情和科學》中表示：「雖然世界上存在一見鍾情，但它卻不是一種常態」。

一見鍾情和人們想像的不同，它其實是一種很難發生的感受，專家們都認為，要和一個人陷入愛情，一定會經歷某幾個階段。以戀愛顧問的立場來分析的話，我認為一見鍾情的條件必須要符合下列兩點中的其中一點。第一點是充滿魅力的外貌。其實認為男女之間有一見鍾情的人，大部分焦點都放在對方的外貌上面。雖然外貌可以靠後天的努力或技術去克服，但是基本上還是需要天生麗質，所以第二點因素就非常重要了。那就是個人魅力。

本書中不斷反覆強調，女人吸引男人的因素有非常多種。不僅僅是靠臉蛋和身材，現在看上女人知性魅力或經濟能力等條件的男人也越來越多了。但是最大的因素依然是男人會覺得

「有可能追的到的女人」比較有魅力，以及會鼓起勇氣接近她們。就算覺得某個女人是自己的理想型，但她對自己完全沒有興趣的話，男人們還是會比較容易被一個不是非常喜歡，但是對方卻對自己很有好感的人吸引。

　　而想要讓男人認為妳是對他們有好感的人，最簡單的策略就是「不經意的觸碰」策略。男人最禁不起觸碰。就算是在一對一聯誼中認識的平凡女人，如果進行不經意的觸碰策略，男人也會覺得對方個性很好，並覺得兩人很聊得來，接著就會覺得對方很有魅力了。下面幾種行為是戀愛手腕很高明的女人們會出現的反應，雖然她們不是刻意的，只是習慣性做出這些動作，但卻是一種能夠讓男人留下深刻印象，並提升好感的策略。一般男人們會認定這些動作是曖昧行為，進而覺得妳是一名很有魅力的女人。

1、初次見面時握手致意

　　第一次見面打招呼時，跟對方握手的話，男人就會認為女人是個很隨和的人。這點非常有效的原因是，這樣的行為會讓男人產生自信心，也會比較積極地想要接近妳。男人都是挑軟柿子吃的。就算是一個平常見到女人就不知所措的男人，遇到一個願意對自己敞開心房的女人，他也會變得有勇氣。而那種勇氣就會轉化成好感。

2、交談的時候用手輕輕觸碰對方的肩膀

有一些女人在叫對方或是和男人對話時，會不自覺地用手碰到對方的肩膀。就算那只是她個人的習慣，但以男人的立場來看，他們會有些過度的反應。女人小小的觸碰會在男人的心理激起一絲漣漪，而且他們會非常正面地解讀那種感覺。畢竟男人就連和不認識的女人四目相交時都會覺得「她該不會對我有好感？」了，那麼對於身旁的女人觸碰到自己身體時，更是會對她產生異樣的感覺。

3、笑的時候輕輕觸碰對方的手臂或肩膀

笑的時候觸碰男人的行為是個非常自然又直接見效的行為。妳只要不是像個拳擊選手在打人，通常不會有人把這個行為想得很糟糕。

4、走路的時候不小心撞到對方肩膀

這是在比較擁擠的地方約會時所使用的方法。男女並肩走路時，只要將妳的步伐朝著對方轉十五度，就可以不小心撞到對方的肩膀。這種行為在曖昧的時候非常有效，給男人帶來的影響絕對超乎妳的想像。

5、為了快速穿越馬路而拉著對方的衣角

就算是不經意的觸碰，也要幫它找個正當理由。過馬路時，

在紅綠燈閃爍時抓著男人的衣角一起快速跑過；或是在人潮擁擠的街頭由男人帶路時，稍微拉著對方的手臂，這些行為都會讓人覺得很有魅力。

6、一起撐一把傘

下雨天和男人見面時，把雨傘放進包包裡再出門吧，妳可以說是不小心丟在捷運上或不見了。一起撐著雨傘走路雖然有點不方便，但是卻很浪漫。兩人一起撐一把傘會縮小個人空間，同時也會拉近兩人的距離。

7、在很多人的場合說悄悄話

這個方法適合用於人很多或是很吵鬧的場合。人和人之間有一種個人空間，一般男女之間會維持一公尺左右的距離，如果能快速縮短這個距離，那你們的關係也會變得比較親近。前面提到的觸碰就是這種方法之一，而悄悄話也是很有效的方法。為了說悄悄話，兩個人會互相靠近，就算沒有觸碰到對方的身體，也會出現進行身體接觸的效果。

8、扭到腳策略

雖然這有點誇張，但是卻是很高級的策略。如果說前面提到的觸碰是低調的輕輕觸碰，那扭到腳策略就是一種能製造出重量級觸碰的策略。這個策略非常簡單，就是妳和男人一起走

路時，靠近男人的那隻腳不小心拐一下，讓男人來扶住妳。這個行為非常有效，因為這不是靠女人主動出擊，而是讓男人來觸碰妳，所以效果會更顯著。因為在身體接觸的策略中，女人主動出擊的方法其實是比較次級的策略。也就是說，以戀愛學的觀點來看，幫男人按摩肩膀 VS. 讓男人幫我按摩肩膀，後者才是比較能夠引起對方好感的方法。

　　女人不經意的觸碰就是這麼能造成男人內心重大的衝擊。先假設妳輕撫一隻第一次見到的小狗，小狗高興地鑽進妳的懷抱，妳就會覺得小狗非常惹人疼愛而想要再摸摸小狗。因為妳從小狗那裡接收到了「我好開心」、「再多摸摸我吧」的訊號，所以妳也會變得更開心，更用心地想要疼愛小狗。而越是這樣，小狗就會越喜歡妳，然後做出更討人喜歡的行為。如此一來，小狗和妳之間就會形成「好感」。妳就把男人想成一隻小狗，然後充滿愛意的摸摸他吧！

　　當妳遇到心儀的男人時，只要好好地使用不經意的觸碰策略，就會幫妳加很多分。那個男人不會發覺自己正被妳的魅力吸引，但對妳的好感度卻會不斷上升。雖然這個方法適用於在日常生活中所遇到的多數男人，不過對於魅力指數排名於前10% 的男人來說，他們平時就很習慣女人對自己有好感，這種策略可能就沒有什麼太大用處。

必殺技 3　誘惑男人最好的策略是「黑暗」

　　阿爾貝托‧安傑拉的著作《古羅馬的性與愛》中有提到，古羅馬時期的女人們是誘惑男人的方法就是「黑暗」。在黑暗中，男性看女性的眼光，不像白天時能保有客觀地判斷力，他們容易被女性迷惑。

　　社會心理學家肯尼斯‧格根也經由實驗證明，在「黑暗」中會讓男女更容易互相產生好感。他將沒有見過面的三到四對男女分別帶到明亮的和黑暗的場所，然後觀察他們的行為。結果發現一起待在明亮場所的男女，他們交談內容非常一般，相反地，一起待在黑暗場所的男女，他們卻分享了許多個人及私密話題，也會有一些肢體接觸。為什麼會發生這種情況呢？

　　因為人類本能地懼怕黑暗。就像看恐怖電影時，會不自覺地抓著旁邊的人，在黑暗中也是一樣，我們也會想要依賴身旁的人。人們互相產生共鳴時，關係就會變得比較親密，所以當兩個人一起身處於黑暗的地方，他們就容易互相依賴並產生歸屬感。另外，黑暗會使人類的防禦系統降低，人們會自然而然地允許他人接近自己。所以說，雖然沒有人教過我們，但是我們在進行肢體接觸時，都知道要關燈進行。

　　有趣的是，男人們其實知道，晚上和化妝的女人約會時，會覺得她比白天見面時更有魅力，但他們還是會淪陷。不管是古羅馬時代，還是現代都是一樣。

必殺技 4　讓男人覺得這個女人不一樣的方法

這是我在婚姻仲介公司上班時發生的事情。我們安排一位住在首爾的女性會員和一位在天安 [13] 工作的男性會員約會。住在天安的男子為了見這位女性一面而到首爾，他們兩人約在高速巴士客運站附近見了第一次面。之後聽他們說，其實他們第一眼對對方都沒有特別的感覺。喝了咖啡，吃完飯，差不多該回家時，男人寒暄了一下打算離開，女人突然開口說，你從這麼遠的地方來跟我見面，我陪你去客運站吧。於是兩人邊聊天邊走到了客運站，然後女人買了一張回天安的車票遞給男人，並這樣對他說：「你為了跟我見面跑了這麼遠，基於禮貌，我應該幫你買回程的車票。」男人還沒搞清楚狀況，就接下車票上車，兩人就分開了。在回天安的路上，他仔細地思考後覺得「這個女人好像和其他人不太一樣。我不能錯過她。」所以開始積極的追求她，他們最後成為了戀人。

男女約會時，最適當的花費比例是 7：3。在過去，到第三次見面時，都讓男人付錢也沒關係，但現在的男人們會計較經濟效益，也比較會精打細算，所以 7：3 是比較合理的分配。有些女人很講究公平，表示要 5：5 平均分配，但這個其實不是單純錢的問題，我以戀愛顧問的立場來看，並不推薦女性們這樣做。因為當男人和心儀的女人見面時，他們在乎的不是「我

---

13 天安位於首爾外圍，車程大約兩個小時

花了多少錢？」而是「我想得到對方的心」。真正有魅力的女人，不會對著請自己吃飯的男人說「我也會賺錢」，然後要求AA制，而是會說「謝謝你，今天這頓飯真的很好吃，下次換我請你吃大餐」。一方面認可對方，另一方面也約好了下次見面。約會費用在 7：3 左右，就能夠表現出妳的好感了。

必殺技 5　為了終結單戀，妳必須謹記的事情

我們將愛情（LOVE）比喻為心臟（HEART），是因為心臟是無法經由自己意識控制的「平滑肌」。愛情就是不知不覺地陷入，等到深陷之後才能感受到的「結果」。所以當我們喜歡上一個人時，就會一直心繫著那個人，不斷想起他、想見他，不自覺地去看對方 kakao talk 的照片，或是看他的臉書及 IG 等SNS 帳號。

如果只是搜尋他的簡介，那沒什麼大問題。但如果不光是搜尋資料，而是一天好幾次習慣性地確認對方的 SNS，以戀愛顧問的角度來看，這種行為會阻礙妳終結單戀。單戀的時候，必須讓自己脫離對方的 SNS 才行。因為當妳喜歡上一個人，就會不知不覺地變成「乙方」。不管男女，在自己喜歡的人面前，都會變成「乙方」。就連曾經主宰歐洲的天下第一「甲方」拿破崙，在遇到有兩個小孩的年姊姊約瑟芬時，都會變成「乙方」。而每天一直看著對方的 SNS，就會越來越喜歡對方。就

連妳不喜歡的藝人，每天看到他的臉出現在電視上，都會漸漸升起好感，更何況是每天看著自己心儀對象的照片，那妳會越來越喜歡他也是理所當然的。

　　人們本來就會執著於自己得不到的東西。對方的態度一如往常，但我卻一天天地越來越喜歡對方。一直持續這種情況的話，下次見到對方時就無法展現得落落大方，魅力指數就會降低。如果想要終結單戀，妳必須要表現得落落大方。所以為了能做到這點，妳應該要戒掉對方的SNS。就算是自己喜歡的人，他也只是個一般人而已。妳必須要維持「我也是個很有魅力的人」這種觀念，大方地去接近對方，妳終結單戀的機率才會變高。

後記
要談一場被尊重的戀愛

「書宇知道爸爸在這個世界上最愛的人是妳吧？但是爸爸很愛書宇這句話的意思，不代表妳可以不尊重爸爸。如果妳不尊重爸爸，那爸爸也不會尊重妳的。所以我希望書宇可以尊重爸爸。」

上面是我以爸爸身分對女兒說的話。我女兒知道我在這世界上最愛的人是她，所以有時候她會不尊重我。其實我真的很愛她，我可以不在乎這些，但是我沒有，我反而會嚴肅地跟她說：「我希望妳可以尊重爸爸」。因為我希望她未來可以成為一個能對著心愛的人說「請你尊重我」的人。

「如果妳是個男人，會想和自己談戀愛嗎？」這是我當戀愛顧問時會問的核心問題。我在本書中強調過非常多次「男人都是挑軟柿子吃」，男人是不可能尊重一個沒有自己就活不下去的女人。就算一個善良的男人，遇到一個不尊重自己的女人，他也是有潛力成為一個壞男人的。所以我希望女人們要成為「當我是男人時，也會想和自己談戀愛的人。」

　　就算妳很愛很愛妳男朋友，也要能坦然地說出「如果真的合不來，那也沒辦法，只好分手了」這樣的話，男人才會尊重妳。因為男人雖然會喜歡沒有自己就活不下去的女人，但是卻不會愛上那個女人。

　　就算妳很愛很愛妳男朋友，妳也要有自信地說「我是不會和不尊重我的男人交往的」，將來妳遇到不適合交往的男人時，才不會被對方牽著鼻子走，遇到應該出局的男人，才不會想盡辦法試圖改變他。

　　妳沒有辦法完全了解一個男人後才跟他交往，而且，每一段戀情都有可能出乎妳的預料。但不論何時，當妳發現對方的缺點，妳都必須要抓準時機快速判斷，才能減少自己受到的傷害。我希望妳們不要傻傻地先擔心別人，而是要優先考慮自己的人生。就如同本書的書名《男人不是修一修就可以用》，當妳發現交往中的男人有一些缺點時，不要先思考「他能改變嗎？」而是要思考「我能一輩子承受這個缺點嗎？」妳要先讓自己沒有這個男人也能好好活下去，才能讓這個男人尊重妳。妳的人生中，最珍貴的人就是妳自己。

　　最後，為了讓妳幸福地談戀愛，我要再次提醒妳十件事：

1、男人不是修一修就能用的。

2、遇到一個爛男人會讓妳的人生變得非常痛苦，那還不如單身。

3、不管是曖昧還是談戀愛，當妳發現對方的缺點時，妳只需要考慮一件事：「我能一輩子承受那個缺點嗎？」

4、第一次見面就想跟妳有身體接觸的男人，妳覺得他那種行為只會對妳一個人做嗎？

5、妳要成為沒有那個男人也可以很幸福的女人，這樣對方才會尊重妳。

6、男人們都喜歡可以隨便對待的女人，但他們愛上卻是不能隨便對待的女人。

7、善良的女人造就不良的男人。

8、嫉妒是希望對方眼裡只有我，執著是把嫉妒的心情顯現出來，並加以控制對方的行為。

9、吵架時要先判斷：「這是反覆不斷的爭吵？還是一次定讞的爭吵？」

10、連短暫的談戀愛期間都無法尊重妳的男人，在未來漫長的婚姻生活中也不可能尊重妳的。

高寶書版集團
gobooks.com.tw

新視野 New Window 238

男人不是修一修就能用：42 個戀愛狀況題大解析，提升妳的擇愛勝率
남자는 고쳐 쓰는 거 아니다

作　　者	李明吉（이명길）
譯　　者	翟云禾
主　　編	楊雅筑
封面設計	黃馨儀
排　　版	賴姵均
企　　劃	鍾惠鈞

發 行 人	朱凱蕾
出　　版	英屬維京群島商高寶國際有限公司台灣分公司
	Global Group Holdings, Ltd.
地　　址	台北市內湖區洲子街 88 號 3 樓
網　　址	gobooks.com.tw
電　　話	(02) 27992788
電　　郵	readers@gobooks.com.tw（讀者服務部）
傳　　真	出版部　(02) 27990909　行銷部 (02) 27993088
郵政劃撥	19394552
戶　　名	英屬維京群島商高寶國際有限公司台灣分公司
發　　行	英屬維京群島商高寶國際有限公司台灣分公司
初版日期	2022 年 2 月

남자는 고쳐 쓰는 거 아니다
Copyright © LEE MYUNG GIL 2021
All Rights Reserved.
This complex Chinese characters edition was published by Global Group Holdings, Ltd. in 2022 by arrangement with Korea Lecturer News through Imprima Korea Agency & LEE's Literary Agency.

國家圖書館出版品預行編目（CIP）資料

男人不是修一修就能用：42 個戀愛狀況題大解析，提升妳的擇愛勝率 / 李明吉著 . -- 初版 . -- 臺北市：英屬維京群島商高寶國際有限公司臺灣分公司, 2022.02

　面；　公分 . -- (新視野 238)

譯自：남자는 고쳐 쓰는 거 아니다

ISBN 978-986-506-341-2 (平裝)

1.CST: 戀愛心理學　2.CST: 兩性關係

544.37014　　　　　　　　　111000141